GF405443

Salud mental:

Confesiones de una escritora en crisis

Salud mental:

Confesiones de una escritora en crisis

Yersey Owen

A mi familia,

por llenarme siempre el cubilete de bolígrafos,
las estanterías de libros
y la cabeza de sueños.

«Lo que la salud mental necesita es más luz solar,
más franqueza y más conversación sin vergüenza».

Glenn Close, actriz y fundadora de Bring Change to Mind.

Índice

1

Pasa, no tengas miedo

Es extraño. Estas páginas son lo más difícil que he escrito nunca y, sin embargo, las palabras fluyen solas. Creo que es porque han estado tanto tiempo en mi cabeza que ya solo queda dejarlas salir.

Salud mental. Confesiones. Crisis. Este podría ser un libro sobre psicología, pero no lo es. Bueno, quizá tenga algo, pero, como no soy experta en esa rama, solo vengo a contarte mi experiencia en la peor etapa que he pasado desde que me adentré en el ámbito literario —así, sin anestesia— y cómo la he ido superando. Utilizo el pretérito perfecto compuesto porque escribo estas líneas mientras todavía estoy en ello, aunque creo estar en la fase final.

Cuando me planteé este proyecto, lo primero que pasó por mi cabeza fue: «¿Quién soy yo para escribir un libro así? No soy nadie relevante en el sector literario ni tengo mucha repercusión en redes sociales, y mi currículum es bastante modesto, aunque pretendo que esto último cambie». Vale, lo reconozco: no es una buena carta de presentación, pero tampoco quiero que me conozcas por lo que he hecho, sino por lo que he vivido.

Soy consciente de que podrías ir directamente al apartado «Sobre mí» y cotillear quién soy, si es que no te sonaba ya mi seudónimo antes de coger este libro, pero déjame pedirte que no lo hagas. Deja que hable de mí a través de estas páginas, porque, sin exagerar, te voy a abrir las puertas de ese espacio privado al que apenas he dejado entrar a nadie antes de escribir esto. Vas a entrar en mi cabeza, notar cómo se encoge mi estómago y sentir mi cuerpo entumecido. Si lo hago bien, captarás un atisbo de la tristeza, la decepción y la frustración que sentí en aquellos momentos, pero también la pizca de anhelo, ilusión y perseverancia que me han mantenido con el bolígrafo en la mano y los dedos sobre el teclado.

Las razones por las que escribo un libro como este son dos: porque es terapéutico para mí y porque intento evitar que pases por lo mismo que yo. Si, por desgracia, estás en ese momento en el que no sabes si mandarlo todo a la mierda o darte otra oportunidad, espero que sirva para lo segundo.

La escritura es un acto tan bonito como cruel: un día la motivación está por las nubes y, al siguiente, el famoso síndrome del impostor te visita; otro día encuentras en las redes sociales una comunidad literaria estupenda, y al próximo tienes la sensación de que tu círculo más cercano te da la espalda. Sentimientos encontrados que tambalean tu motivación, seguridad y pasión por lo que haces. Por eso este libro. Porque quiero que cada vez que cojas una libreta y un bolígrafo, utilices las notas del móvil o te sientes delante del ordenador lo hagas con las manos firmes, sin dudas ni miedos, y recordando por qué lo hiciste la primera vez y por qué quieres hacerlo cada día.

Aquí no aparecerán frases motivadoras del estilo Mr. Wonderful, rollo «Si te esfuerzas no habrá sueño que se te resista, incluso tras un madrugón», ni las frases banales que no ayudan en nada, tipo «¿Estás triste? Pues no lo estés». Lo siento, no es mi estilo.

Me caracterizo por muchas cosas y, si tuviera que resumirlas, diría que soy metódica, cabezota y que procuro decir las cosas claras. Tengo una sección en mi web —a la que no quiero que vayas ahora— que habla sobre las experiencias editoriales que he tenido. Insisto, no tengo un extenso currículum literario, pero sí que llevo muchos años metida en esto de escribir. Alguien recomendó esa sección diciendo que nunca había encontrado a nadie que dijera las cosas tan claras como yo y, lo reconozco, me gustó, así que en este libro la idea es mantener la línea.

También te adelanto que no soy *coach* de nada, así que no vas a encontrar aquí las claves para ser una persona más productiva, aprender a planificar o una guía sobre cómo publicar tu libro, porque de eso ya hay mucho —al final te dejo una lista con un montón de libros que, de alguna forma, me han ayudado—. Tampoco vas a leer técnicas de psicología positiva ni metodologías que te ayuden a llegar a la raíz de tus problemas —si es que los tienes; lo mismo estás leyendo este libro por mera curiosidad, que también me vale—, pero quizá te abra un poco los ojos. Lo que encontrarás aquí es lo que yo viví y cómo acabé con una serie de pensamientos limitantes que casi me llevaron a dejar de escribir.

Soy una persona tímida y, cuando me pasa algo, me cuesta mucho exteriorizarlo con quienes no forman parte de mi entorno, así que imagina el acto de valentía que supone para mí compartir esto contigo. No sé si nos conocemos en persona, si hablamos *online* y aún no nos hemos desvirtualizado, si solo nos hemos cruzado en alguna ocasión o si esta es la primera vez que tenemos contacto. En cualquiera de los casos, sé que al acabar este libro tú me conocerás más, y yo también lo haré.

Quizá leas experiencias que te parezcan tristes, duras y hasta familiares. Pero no tengas miedo. Hay cosas mucho peores en la vida y esta es solo un borrón de tinta que se puede limpiar.

2

¿Qué significa para ti escribir?

Parece una pregunta de fácil respuesta, pero no lo es. Sentarse delante del ordenador o con una libreta en blanco y bolígrafo en mano es una experiencia muy íntima que puede que compartas con otras PERSONAS ESCRITORAS —y permíteme que a partir de ahora utilice el femenino—, pero que cada una vive de un modo diferente.

Para empezar, no es lo mismo compatibilizar la escritura con un trabajo nutricional que querer pagar todas tus facturas con ella. Así, hay quienes combinan la publicación de sus libros con plataformas de cursos que ofrecen servicios literarios; y hay quienes, la gran mayoría, desde el principio no pueden o no quieren asumir el riesgo de romper con todo y ven la escritura como un complemento a su vida y sus ingresos. Ya te adelanto que ninguna de las opciones es mejor que otra porque cada persona es un mundo y tu elección dependerá de tus objetivos personales. Volveremos al tema de los números más adelante, pero, así de primeras, sácate de la cabeza que no produces o vendes los suficientes libros al año porque no estás tan comprometida con la escritura como otras personas, porque hay muchos otros factores que se deben tener en cuenta.

He leído en un montón de manuales de escritura que, para triunfar en el mundo literario —y, en realidad, en cualquier otro campo de la vida— es necesaria una mentalidad ganadora. No seré yo quien te diga lo contrario, pero déjame advertirte: ten cuidado con el significado de «ganadora». De nuevo, no será el mismo para ti que para mí. «Ganar» es adquirir una cosa con el trabajo, el esfuerzo o la suerte, que puede ser tangible, como el dinero, o intangible, como el orgullo por haberlo conseguido. Por ejemplo, quizá otra escritora se haya puesto el objetivo de escribir dos novelas al año y publicar una de ellas al año siguiente, y el tuyo sea participar, que no ganar, en cuatro antologías de relatos y planificar tu próxima novela; o quizá alguien fije su objetivo en entrar en el mundo literario con una editorial considerada de las grandes, mientras tú te propones autopublicar una novela al mismo tiempo que preparas otra para editoriales. De nuevo, cualquiera de estos ejemplos es válido y ninguno es mejor que otro. Una mentalidad ganadora no es superar a otras personas, es superarte a ti. Como dijo el escritor, filósofo y poeta Ralph Waldo Emerson (1803-1882): «El éxito viene de tu interior, no de fuera».

Comparar tus logros con los de las demás es un arma de doble de filo: por un lado, te motiva para seguir mejorando con el pensamiento de que, si ellas lo han logrado, tú también puedes;

y, por otro, te hace creer que haces las cosas mal, que no eres buena o que escribir no es tu prioridad y debería serlo. Cuidado con esto también. Este efecto negativo de la comparación quizá te lleve a caer en un frasco de tinta del que no es fácil salir. Créeme, lo sé. Me bañé en él. Ana Bolox, escritora de novela policíaca y editora de su propio blog, en el que ofrece mentorías y servicios literarios, escribe en *Mentalidad de escritor* que «Tu propia mente es el motor que te impulsará con fuerza hacia la meta que persigues o… te hundirá en el abismo», y yo no podría estar más de acuerdo con esta afirmación. La mía me hundió, pero te lo cuento dentro de unas páginas.

Lo que importa ahora es dejar claro que, si tus objetivos, aunque se parezcan a los de otras escritoras, no son los mismos, el significado de lo que es para ti escribir tampoco lo es. ¿Por qué? Porque no somos una mente colmena. Ninguna funciona igual que otra. No me malinterpretes, compartimos aficiones, gustos y pensamientos con otras personas, pero lo que sucede a nuestro alrededor no nos afecta de la misma forma.

Si algo he aprendido a lo largo de los años, es que para tener una mentalidad ganadora hay que tener una psique fuerte, pues son muchos los factores, y hablaremos de estos en otro capítulo, tanto propios como ajenos, que nos pueden influir. La estrecha relación que existe entre lo que pensamos y lo que sentimos tiene mucho que ver en cómo vemos la escritura. Dijo Voltaire (1694-1778) que «La escritura es la pintura de la voz»; ya sea en una novela, un relato o un libro de no ficción como este utilizamos la escritura como terapia: ahondamos en nuestras emociones, nos evadimos de pensamientos nocivos y nos encontramos a nosotras mismas.

Como he dicho antes, escribir es una experiencia muy personal y cada una de nosotras es un mundo. El escritor de una de mis novelas favoritas, Ray Bradbury (1920-2012), dice en su libro *Zen en el arte de escribir*: «No escribir, para muchos de nosotros, es morir». Perdona de antemano por la crudeza de mi pregunta: ¿de verdad querrías morirte si no pudieras escribir? Piénsalo. Cierra este libro si es necesario. Tómate el tiempo que necesites.

No digo que la escritura no deba ser una parte importante de tu vida, pero te adelanto que es muy fácil quemarse, así que es mejor que no sea la única. Puedes centrarte en querer contar tus historias; decirte que hacerlo es bueno para ti —de hecho, reconozco que, si algún día no me siento a escribir, aunque sea un ratito, me inquieto—. No obstante, también es muy importante tener claro desde el principio tus pretensiones en lo que se refiere a la escritura y que estas sean realistas, aunque cambien con los años —ya sabes que imaginación no nos falta—, para que, cuando llegue la frustración, que lo hará, no destruya otras facetas de tu vida. En mi caso no las llegó a destruir, aunque sí una parte de mí que me costó mucho recuperar. «Por la escritura puedes apostar tu corazón, tu esfuerzo, tu tiempo y tu talento, pero jamás debes apostar el alma», dice el escritor César Mallorquí en su libro *Esto no es un manual de escritura (pero se parece)*.

Adoro escribir, pero no me va la vida en ello. Quizá nunca me convierta en una escritora de éxito, sin embargo, este tampoco es mi objetivo. Mentiría si dijese que no he fantaseado con que alguno de mis libros llegue a ser un *bestseller* —de los de verdad, de los de miles de ventas; no de los que se le pone la etiqueta el mismo día en que se publica para captar a los lectores— o que alguien se interese por hacer una adaptación cinematográfica o televisiva. Soñar es gratis y yo soy una soñadora, pero también tengo los pies en la tierra. Entonces, ¿por qué escribo? Saltándome todas las reglas *marketinianas* y consejos que encontramos en cualquier manual de escritura que pretenda ayudarnos a encauzar nuestra carrera como escritora, yo escribo por mí, no para el mercado. Las historias vienen a mí y escribo lo que me gustaría leer. No las planifico de acuerdo con las tendencias literarias porque ¿cómo saber qué es lo que la gente quiere leer, con todos los géneros y temas que existen? Eso sí, sería hipócrita quedarme ahí; también quiero que otras personas me lean. De lo contrario, ¿para qué publicar?

Precisamente, escribir lo que me gustaría leer es por lo que me resulta un acto tan satisfactorio. Aunque lo es más por el hecho de saber que soy capaz de darle forma a algo que sale de mí. «Escribo porque me resulta un placer que no puedo traducir. No soy pretenciosa. Escribo para mí, para sentir mi alma hablando y cantando, a veces llorando…», dijo la periodista y escritora Clarice Lispector (1920-1977), con cuyas palabras me siento identificada.

No sé tú, pero yo soy incapaz de describir lo que mi cuerpo experimenta cuando una idea me viene a la cabeza. Lo sé, es un poco contradictorio si me hago llamar escritora, aunque voy a intentarlo. Para empezar, mi mente se dispara al dibujar dónde transcurrirá la acción, al darle vida a los personajes mientras toma su propia voz para generar los diálogos; mi corazón late a toda velocidad, henchido de orgullo ante la posibilidad de crear algo, y el resto de mi cuerpo emite un cosquilleo impaciente que me insta a no dejarlo pasar. En cuanto a mi espíritu, siento que con cada frase que plasmo me conozco un poco más, como si conversara con mi yo más profundo: «Ser escritor es descubrir, luchando pacientemente durante años, la segunda persona que se esconde en el interior de uno y el universo que convierte a esa persona en lo que es», dice el escritor Orhan Pamuk, Premio Nobel de Literatura.

De hecho, la escritora Pilar N. Colorado dice en su libro *Escribir desde las entrañas*: «Al escribir debes olvidarte del cerebro y de querer objetivar; las sensaciones las encuentras en el estómago, en la piel, en los oídos, en las fosas nasales, en una especie de aura que te rodea cuando cierras los ojos y te dejas llevar. No hay nada más que hacer, no hay que pensar: solo siente». Todo lo que experimenta mi cuerpo en el momento en que me siento a escribir, esa conexión conmigo misma, me hace feliz; y la felicidad se experimenta en todo nuestro ser.

Un estudio llevado a cabo por la Universidad de Aalto, en 2014[1], abordó la estrecha relación que existe entre las emocio-

---

[1] Nummenmaa, L., Glerean, E., Hari, R. y Hietanen, JK. *Bodily maps of emotions*. Proc. Natl. Acad. Sci. USA. 2014 Jan 14;111(2):646-51. doi: 10.1073/pnas.1321664111. Epub 2013 Dec 30. PMID: 24379370; PMCID: PMC3896150.

nes y lo que experimenta nuestro cuerpo. Le pidieron a más de setecientos voluntarios que señalasen en una silueta corporal las partes de su anatomía en las que notaban físicamente las catorce emociones sometidas a estudio y crearon un atlas topográfico del cuerpo en el que se veía un aumento de la activación de las distintas partes a través de colores cálidos, o una disminución si se trataba de colores fríos. De acuerdo con este estudio, la imagen de la felicidad es muy parecida al momento en que Johnny Storm, de *Los 4 Fantásticos*, se convierte en la Antorcha Humana —si no hubiera al menos una referencia a Marvel en este libro, no sería mío—. Por cierto, el orgullo se experimenta en la parte superior del cuerpo, más en la zona del pecho y la cabeza, y se refleja con las mismas tonalidades que la felicidad: rojas, amarillas y naranjas intensas.

Este estudio hace que piense que, cuando me viene una idea a la cabeza sobre la que escribir, me convierto en la versión femenina de la Antorcha Humana. ¿A quién no le gustaría ser una superheroína? Quizá la historia que escriba no salve al mundo, pero sí salva parte del mío y, tal vez, también el de otra persona. Stephen King dice en su libro *Mientras escribo* que «Escribir no consiste en ganar dinero, hacerse famoso, conseguir citas, echar un polvo o hacer amigos. Al final, se trata de enriquecer la vida de quienes leen tu obra, y de enriquecer también tu propia vida. Se trata de levantarse, recuperarse y superarse. Ser feliz, ¿de acuerdo? Ser feliz». Y creo que no puede tener más razón.

3

¿Naciste o te hiciste escritora?

Las escritoras ¿nacen o se hacen? Esta es una de las preguntas que más se escuchan dentro de la comunidad literaria, y también es una de las que tiene más disparidad en las respuestas por la cantidad de matices que hay. De hecho, es el debate eterno que nadie es capaz de zanjar, y yo tampoco pretendo hacerlo en este capítulo.

Es probable que te estés preguntado qué tiene que ver esto con la salud mental de las escritoras, pero créeme si te digo que está íntimamente relacionado con el significado de qué es para ti escribir. En la mayoría de los casos en los que nos enfrentamos a un problema, y no sabemos cómo ni por dónde nos ha llegado, es necesario hacer una retrospectiva no solo para averiguar dónde nace, sino también para identificar aquellas salpicaduras de tinta que, poco a poco y sin que te des cuenta, han pasado de mojarte los pies a cubrirte hasta el cuello.

Las escritoras nacen, no se hacen

¿Lo de escribir viene en nuestro ADN? ¿Es un gen latente que se puede o no despertar si se dan los factores idóneos? La neurociencia, que lleva años tratando de encontrar el origen de las habilidades creativas, dice que existe cierta disposición a la creatividad tanto por motivos genéticos como fisiológicos. De hecho, todas las personas nacemos con una predisposición a desarrollar ciertas habilidades. Estas se nos darán mejor o peor en función de las capacidades físicas e intelectuales con las que también nacemos, y que se amplifican influenciadas por el entorno social y cultural en el que crecemos.

Durante la infancia, hasta más o menos los seis años, desarrollamos nuestras capacidades y habilidades psicomotrices, así como el lenguaje. Sin embargo, es en la niñez, entre los seis y los doce, en la que, además de las habilidades cognitivas, evolucionan aquellas relacionadas con el pensamiento lógico, la lectura y la escritura. Hay infantes que sienten curiosidad por leer y escribir, e incluso lo logran sin gran esfuerzo, mi primo más pequeño es un ejemplo, pero eso no significa que más adelante deseen explotar estas capacidades y se conviertan en sus aficiones. También existe el caso contrario: infantes que no se sienten atraídos por la lectura y la escritura y que, más adelante, en la etapa adolescente, o incluso adulta, descubren en la lectura, la escritura o ambas algo que llena su vida.

El primer recuerdo que me viene a la cabeza que tiene relación con la escritura se remonta a mi etapa en el colegio. Estaba en tercero de Primaria y la profesora de Lengua me llamó la atención —e implicó también a mi madre, claro— porque no escribía como ella enseñaba, es decir, mediante letra enlazada o escolar. Esta es aquella que se realiza entrelazando los caracteres hasta construir una palabra, pero yo prefería el estilo imprenta, que no necesita un control de trazo tan exhaustivo, porque me resultaba más cómodo y escribía más rápido. Más palabras en menos tiempo. Quería escribir más. Recuerdo que me encantaban los dictados y que, además, no se me daban nada mal; hasta entrenaba mi oído escribiendo las letras de algunas canciones que escuchaba.

Un par de años después —no lo recuerdo con exactitud, pero sé que también fue en el colegio—, dos compañeras de clase iban a crear cuentos para el alumnado de infantil y primer ciclo de Primaria. Yo me enteré por casualidad y casi le supliqué a una de ellas que convenciera a la profesora, que también era su tía, de que me dejara participar. Me fascinaba la idea de escribir algo para que otras personas lo leyeran.

Recuerdo el primer día como si fuera ayer.

Estaba entusiasmada. La parte izquierda de mi cerebro —especializada, entre otras cosas, en el lenguaje escrito— y la parte derecha —en la que se localizan la imaginación y el sentido artístico— se juntaron para celebrar el despertar de mi pasión por la escritura. Por cierto, debo decir que la sobrina de aquella profesora es hoy una de mis mejores amigas. A nuestra amistad la llamo #ParvulitosFriendship porque nos conocimos el primer día de colegio de nuestras vidas; y ahora sé, tras volver a este recuerdo, que ese despertar fue en parte gracias a ella.

A los doce años gané un concurso de poesía cuyo premio era, además de un libro sobre la Generación del 27 que leí el verano de ese mismo año en el pueblo, un par de entradas para ir al cine a ver la película *Deep Blue Sea* —no me preguntes por qué— con los de 2.º de ESO. También recuerdo que mi poema hablaba de un limonero y un moreno, y que la película me gustó mucho. Por aquel entonces teníamos en casa una máquina de escribir mecánica de tapa verde y teclas amarillas con la que me encantaba pasar el tiempo; pero la llegada de una nueva, esta vez eléctrica, hizo que me pasara medio verano aprendiendo mecanografía gracias a unos libros que me prestó una de mis tías. La misma que, diez años después, me daría el empujón moral que necesitaba para decidirme a publicar lo que escribía.

Emocionada con la flamante nueva máquina de escribir, el último año que pasé en el colegio le propuse a la tutora crear un periódico con noticias culturales, entretenimiento y pasatiempos. Por suerte, no me lo negó y yo misma me encargué de editarlo, por lo que pude desarrollar aún más mi interés por la escritura y la comunicación.

Si bien hay varios momentos en esa etapa que se conectan con mi faceta de escritora de hoy, hay una cosa que me llama la atención: cuando era pequeña quería ser muchas cosas de mayor: veterinaria, futbolista, gimnasta, bailarina, locutora de radio, periodista… Creo que nunca dije con palabras que quería ser escritora, pero tampoco dije ambientóloga, y ahora soy ambas cosas. A lo que voy es que, aunque nunca lo formulé en voz alta, siempre tuve el gusanillo de comunicar y expresarme a través de las letras; de demostrar a los demás lo que era capaz de crear. Esto me hace pensar que, de alguna forma, la escritura siempre estuvo ahí.

En mi etapa del instituto, de la que guardo más malos recuerdos que buenos, me planteé la posibilidad de escribir más allá de la clase de Literatura. En mi primer año llevaba en la mochila libros de Stephen King que me prestaba otra de mis tías y que yo leía en los descansos entre clases, si teníamos una hora libre, o incluso en el recreo. Quizá eso influyera en que no hiciera demasiadas amigas el primer año y que, al siguiente, ir a clase se convirtiera en un infierno. Aunque lo intenté, no terminé de encajar. Fue ahí, entre las llamas de las burlas, los insultos, las amenazas y las vejaciones, cuando el profesor de Lengua y Literatura —ojalá recordara su nombre, solo sé que era gallego— apagó algunos de mis fuegos a través de los libros.

El primer día de clase nos hizo escribir de forma anónima qué nos gustaría leer a lo largo del curso y, en la siguiente, entró, sacó una hoja de su maletín y dijo algo muy parecido a esto: «Hay alguien en esta clase que ha despertado mucho mi curiosidad. Ha hecho una sugerencia interesante, diferente, que nunca nadie me había propuesto, y por eso voy a concedérselo». Yo estaba sentada en primera fila. Recuerdo que pensé que ojalá no tuviera mi hoja, aunque en el fondo lo deseaba. Supongo que me podía más el miedo a los desquites de mis compañeras que mi afán de sumergirme en una literatura que solo conocía de pasada. «Además, ha escrito bien el nombre de Shakespeare, así que sé que ya ha leído algo de él, y me cae bien», añadió. En efecto, se refería a mí. El año anterior, mi madre me había empezado a comprar en el quiosco las obras completas de William Shakespeare, y en la hoja que le había entregado al profesor, además del dramaturgo inglés, también aparecían Jane Austen, Ray Bradbury, las hermanas Brontë, Charles Dickens, William Faulkner, Ernest Hemingway o John Steinbeck.

Aquel año no solo conocí y leí a grandes nombres de la literatura universal, sobre todo de la americana y la inglesa, sino que descubrí los que hoy son dos de mis libros favoritos: *Rebeldes*, de Susan E. Hinton, y *El guardián entre el centeno*, de J. D. Salinger. Para redondearlo, esa etapa tan infernal, en la que me daba miedo ir a clase debido al *bullying*, provocó que dejara la gimnasia rítmica, que practicaba desde los ocho años, pero también fue en la que empecé a escribir la saga de fantasía urbana *Los Guardianes*, aunque se llamaba de otra forma —esto me lo guardo para una futura historia—.

Mi hermano mayor, con el que compartía habitación, jugaba a un juego de Play Station que me fascinaba llamado *The Legend of Dragoon*. Cuenta la historia de Dart Feld y su viaje a través de un mundo mágico, en el que los antiguos guerreros dragón, llamados *Dragoons*, existen para luchar contra las fuerzas del mal que amenazan con destruir el mundo. En una de las muchas horas que pasaba viéndolo jugar, dije en voz alta: «Me gustaría escribir una historia parecida, pero en la que, en lugar de gente que se conoce durante la aventura, fueran hermanos y tuvieran que averiguar la verdad sobre sus padres y su pasado» —en *The Legend of Dragoon*, Dart también descubre algo importante sobre sus padres que motiva su viaje—. Sin quitar la vista de la pantalla, mi hermano se encogió de hombros y dijo: «Pues hazlo». Yo dudé: «¿Cómo voy a escribir yo un libro?». Pausó el juego, me miró con esa expresión tan seria y a la vez tan llena de amor y confianza que lo caracteriza, y dijo: «¿Y por qué no? ¡Si me acabas de contar media historia! Escríbela y punto». No es de extrañar que a él esté dedicado *Ocaso*, el primer libro de *Los Guardianes*. Después de todos estos años sé que él es el principal responsable de alentar mi faceta de escritora.

La aventura de Dart Feld no solo perdura en los corazones de todos aquellos que la disfrutaron en su día al jugarla —el *fandom* sigue pidiendo a gritos su *remake* dos décadas después—, también en el mío, porque fue ahí, en ese momento, cuando la historia de *Los Guardianes* y Yersey Owen nacieron. No recuerdo en qué serie de televisión o película fue; tal vez lo soñara o quizá me lo dijo aquel profesor de Literatura de 4.º de ESO —por más que he buscado la referencia, no he sido capaz de encontrarla—, pero hay unas palabras cuyo significado se me quedó grabado. Eran algo así como que, si cada mañana te despiertas y lo primero en lo que piensas es en escribir, entonces ya eres escritora. Y a mí me pasa eso cada día desde aquella conversación con mi hermano.

Las escritoras no nacen, se hacen

Si bien desde edad temprana, como fue mi caso, las personas tienden a tener cierta sensibilidad e interés por la escritura, esto no es suficiente para ser escritora. Hay una frase del escritor Javier Marías (1951-2022) que hace muy bien de hilo conductor en esta parte: «Como todo el mundo sabe leer y escribir, todo el mundo cree que puede escribir una novela, mientras que no todo el mundo pensaría que puede dirigir una película o componer una sinfonía», dijo en una entrevista de *El País*[2], allá por 2017, con motivo de la publicación de su libro *Berta Isla*, publicado por Alfaguara.

Aprendemos a leer y a escribir en el colegio; sin embargo, eso no nos convierte en escritoras, de la misma forma que aprendemos, por ejemplo, a tocar el xilófono y la flauta y no nos consideramos músicas. En mi caso también tenía grandes aptitudes para los deportes —empecé a jugar al fútbol a los seis años, a practicar gimnasia rítmica a los ocho y casi siempre era la mejor en clase de Educación Física—, pero no era una atleta. Tampoco era escritora por mi especial interés en la lectura y mi gusto por la creación de historias.

A pesar de mi sensibilidad hacia la literatura y la escritura, y de que estaba decidida a escribir la historia de *Los Guardianes*,

---

[2] Constenla, Tereixa (2017, 7 de septiembre). «Javier Marías: "Todo el mundo cree que puede escribir una novela"». El País. https://elpais.com/cultura/2017/09/05/actualidad/1504619816_667754.html

tiré hacia otro lado. Tenía claro que quería dedicarme a escribir dentro del ámbito de la comunicación, así que decidí cursar un bachillerato mixto. Con muchas dudas entre Periodismo, Comunicación Audiovisual y Ciencias Ambientales —siempre he estado muy concienciada con el cuidado del planeta y, además, el Capitán Planeta[3] es mi héroe—, al final me decidí por la última para formarme después en los ámbitos del periodismo, la comunicación y el marketing —*spoiler*: salió bien—. Respecto a esto, hay una cosa llamativa de mi época universitaria que me gustaría contarte.

Venía de ganar un concurso de relatos en primero de Bachillerato y de quedar segunda en el concurso de comunicación a través de la radio al año siguiente, pero no fui capaz de encajar la escritura en mi día a día durante los dos primeros años de carrera. Quizá influyera que estudiara en Alcalá de Henares, viviera en el centro de Madrid y jugara al fútbol en Torrelodones. También la presión de empezar una etapa nueva, que me costara mucho entablar una amistad con alguien más allá del compañerismo, y la constante sensación de no encajar en ningún sitio. Quería centrarme en los estudios, pero, por el motivo que fuera, era incapaz de hacerlo.

Ahora, echo la vista atrás y me doy cuenta de que, mientras moldeaba mi futuro profesional, mi faceta de escritora no dejó que me olvidara de ella del todo. La historia de *Los Guardianes*

---

[3] *Capitán Planeta y los planetarios* (*Captain Planet and the planeteers*, en inglés). Serie de animación estadounidense de los años noventa de carácter ecologista creada por Ted Turner.

volvía a mí una y otra vez. Soñaba con ella y me acompañaba en mi cabeza en los trayectos hacia la facultad e incluso me hablaba por encima de los profesores en clase, así que decidí escuchar a mi subconsciente. Volver a ella, darle prioridad sobre otras cosas dentro de mi caótica vida universitaria, fue el factor que consiguió que al fin me centrara. Retomé la escritura y me dispuse a trabajar en mí como escritora, por lo que leí distintos tipos de manuales, blogs formativos y escribí relatos. Sin que me diera cuenta, mientras me formaba para ser mejor escritora, me empezó a ir mucho mejor en los estudios y en mi vida en general.

A donde quiero llegar es a que, si bien durante unos años me centré más en mi futuro profesional ajeno a la literatura, mi sensibilidad o debilidad hacia la escritura —llámalo como quieras— nunca despareció del todo, y volver a ella me hizo mucho bien. Sin embargo, no era suficiente con sentarme delante del ordenador o coger unos folios en sucio y escribir, también necesitaba mejorar mis conocimientos y mi técnica. Podemos saber expresarnos muy bien y con mucha habilidad a través de la escritura, pero eso no significa que sepamos trasladar el mundo que hemos creado en nuestra mente al papel ni que seamos capaces de transmitir sensaciones, una vida paralela, o despertar en quienes nos leen la curiosidad y las ganas de querer saber más.

Hay quienes lo llaman talento. Es algo real, existe. Algunas personas nacen con una aptitud para realizar algo de manera fácil y exitosa, como yo con los deportes, pero el talento, sin más, no sirve. Hay que pulirlo. ¿O es que futbolistas, tenistas o baloncestistas profesionales no entrenan? ¿O crees que tu cantante favorita no practica o busca herramientas para mejorar, por ejemplo, su técnica vocal? Seth Godin, empresario y autor que trabajó con Arthur C. Clarke y Michael Crichton, dice: «Las decisiones nos llevan a los hábitos. Los hábitos se transforman en talentos. A los talentos se los llama dones, pero no naciste así: te hiciste así».

La escritura es una disciplina como otra cualquiera, sin embargo, a diferencia de en el mundo anglosajón, en España no contamos con una enseñanza reglada específica que dé el título de escritora. Lo que sí hay son diversos estudios que pueden orientarnos y proporcionarnos técnicas y conocimientos aplicables a esta, como son los grados en Humanidades, Periodismo, Estudios Literarios, Literatura General y Comparada, másteres en Creación Literaria, Escritura Creativa e infinidad de cursos, tanto *online* como presenciales, con los que aprender sobre el arte de escribir y aplicarlo a tu escritura. Como dice Gabriella Campbell en su libro *Cómo sobrevivir a la escritura: Lo mejor de Gabriella Literaria sobre escribir, publicar y promocionar tus libros*: «Uno no "aprende a escribir" y ya está, ya sabe escribir para el resto de sus días. Todos sabemos que este es un proceso constante de mejora».

Todas saben escribir, pero no todas son escritoras

Sí, soy de las que creen que una persona escritora puede hacerse, pero también que es indispensable que nazca con ESE ALGO.

Saber escribir no es ser escritora; sin embargo, se es escritora escribiendo. Una solo se sienta a escribir si tiene algo que despierte esa necesidad por hacerlo, pues «Las necesidades son la expresión de lo que un ser vivo requiere indispensablemente para su conservación y desarrollo»[4], y si no concibes la escritura como parte indispensable de tu vida, lo quieras profesionalizar o no, lo siento, no eres escritora. «Escribir es un oficio que se aprende escribiendo», dijo la polifacética Simone de Beauvoir (1908-1986). Hoy mucha gente se cree capaz de ser escritora y son numerosos los casos de quien ha publicado un libro, o varios, solo porque sabe que será un éxito de ventas gracias a que es una figura más o menos pública, o de quien recurre a los llamados *ghostwriters* —escritores fantasma— para que le escriban un libro y decir así que es ESCRITORA.

Según el *Diccionario de la lengua española*, la palabra «escritora» tiene tres definiciones en uso: (1) Persona que escribe; (2) Autor de obras escritas o impresas; y (3) Persona que escribe al dictado[5]. Solo por el hecho de sentarme a escribir ya podría aplicarme la primera definición, y cualquiera que opte, por ejemplo, por la autopublicación —también es mi caso—, se añadiría también la segunda. Sin embargo, a pesar de que la escritura referida a la creación de algo y no al acto de escribir en sí lleva conmigo desde que tengo uso de razón, me costó mu-

---

[4] Dorsch, F. (1991). *Diccionario de psicología*. Herder. Barcelona.

[5] Real Academia Española (s.f.). Escritor. En *Diccionario de la Lengua Española*. https://dle.rae.es/escritor. Recuperado en noviembre de 2022.

chísimo llamarme a mí misma ESCRITORA, así que no deja de sorprenderme la facilidad con la que algunas personas la usan para referirse a sí mismas. Yo pensaba: «¿Cómo puedo utilizar en mí la misma palabra y con el mismo significado que, por ejemplo, Mary Shelley, Miguel de Cervantes o cualquiera de los nombres que puse en aquella hoja de la clase de Literatura? Esas personas sí son ESCRITORAS. Yo no».

Tras caer en ese frasco de tinta del que te hablaba al principio de este libro y llevar a cabo la retrospectiva sobre mi vida que comparto ahora contigo, comprendí que detrás de la palabra «escritora» hay mucho más significado de lo que dice la Real Academia Española. Lo siento, se trata de algo más profundo que eso. Como dijo el escritor Joël Dicker: «Todo el mundo sabe escribir, pero no todo el mundo es escritor».

4

Encuentra el equilibrio

«El porcentaje de personas que se proponen terminar un libro pero no lo consiguen es mucho más alto que el de quienes terminan un libro pero no lo publican», dice el escritor Brandon Sanderson en su libro *Curso de escritura creativa*. En esto tiene mucho que ver la actitud y la motivación de cada una. Yo estuve mucho tiempo en el limbo: terminé dos libros y los autopubliqué —los dos primeros de *Los Guardianes*—; después escribí su continuación —el tercero de la serie— y, sin saber que tenía medio cuerpo metido en el frasco de tinta, empecé una *novelette* autoconclusiva y la corrección de esa tercera parte de *Los Guardianes*. *Spoiler*: no fue como esperaba.

El efecto de la actitud

Las escritoras —recuerda que uso el femenino por PERSONAS— nos caracterizamos por ser creativas y tener una imaginación desbordante; también por ser perseverantes y marcarnos grandes metas. Pero, sobre todo, me he dado cuenta de que tendemos a llevar nuestros sentimientos a los extremos. Somos como una montaña rusa que apenas da tregua para coger aire y ver la siguiente curva. Cuando empezamos un proyecto literario nos emocionamos y nuestra motivación está por las nubes, pero, a medida que avanzamos y nos enfrentamos a algunos de los miedos más comunes en esto de escribir y publicar —hablaremos de ellos en otro capítulo—, nuestra motivación decae y nuestra actitud cambia. Pasamos de ser personas proactivas, que hacen lo necesario para cambiar las condiciones del entorno que no le favorecen, a reactivas, aquellas que encuentran justificaciones para explicar un desempeño insuficiente y que, además, las atribuyen a factores externos incontrolables. Eso es justo lo que me pasó a mí.

Ya lo he comentado antes, escribir, en el sentido de crear y no del acto en sí, no lo hace cualquiera. Es una tarea ardua que requiere tiempo, esfuerzo y una mentalidad enfocada, pues consume gran parte de nuestra energía mental y física. Volviendo a Sanderson y a su libro, «Es muy fácil quemarte como autor y dejarte consumir tanto por el oficio que destruya otras facetas de tu vida», así que la clave está en encontrar el equilibrio. Sí, ya sé, es muy fácil decir «Encuentra el equilibrio, Daniel San» —perdón por la referencia friki a *Karate Kid*[6]—, pero es que es muy

---

[6] La frase original es «Mejor aprender a equilibrar. El equilibrio es clave. Buen equilibrio, buen karate. Todo bien. Equilibrio malo, mejor empacar, ir a casa. ¿Entender?».

importante. La crisis que yo atravesé no destruyó otras facetas de mi vida, aunque sí que me notaba algo más irritada y apática de lo habitual con todo lo que me rodeaba. Como te he contado en otro capítulo, darle prioridad a la escritura ayudó a que me centrara en la universidad, así que mi cambio de actitud para con ella influyó de forma positiva en mi día a día.

Una de las situaciones más comunes que se dan entre las personas que escriben, y casi diría que es lo primero que echa unas gotas de tinta en el frasco de nuestra salud mental, es la inevitable comparación con otras personas —créeme que no es la única—. Que otras escritoras compartan sus progresos en las redes sociales como parte de su actitud proactiva puede tener una gran influencia en nuestra autoestima. Permíteme citar de nuevo a Ray Bradbury: «Es fácil dudar. Si uno mira alrededor, ve una comunidad de nociones sostenidas por otros escritores, otros intelectuales, que hacen que uno se sonroje avergonzado».

En cuanto no vemos resultados instantáneos en lo que hacemos, por ejemplo, acabar un capítulo o escribir equis palabras por sesión, comenzamos a frustrarnos; y si encima vemos que otras escritoras de nuestro entorno terminan novelas como quien hace una tortilla de patatas, sentimos que no avanzamos al ritmo que deberíamos. Pero ¿a qué ritmo deberíamos avanzar? ¿Quién lo marca? Te doy la respuesta: tú. Tú estableces tu tiempo, tu espacio y, por lo tanto, tu ritmo —que es probable que mejore cada día si consigues establecer un hábito—. El problema está cuando no tienes ese hábito o lo has perdido y te cuesta encontrar un momento del día para sentarte a escribir.

Hay un montón de manuales, tanto para escritoras como generales, que hablan de cómo optimizar tu tiempo y dejar de ir en piloto automático por la vida. Por si necesitas un empujoncito, a mí me ha ayudado muchísimo *100 días de escritura. Un cuaderno diario para crear el hábito de escribir*, de Gabriella Campbell.

No sé si yo iba en piloto automático porque, por lo general, siempre he sido una persona muy organizada, planificadora y metódica; pero lo que sí sé es que perdí esas cualidades en algún momento. Según entraba en una etapa diferente de mi vida, encajaba el tiempo para escribir —esa actitud proactiva que he mencionado antes—. En el instituto, lo hacía por la tarde-noche, tras cumplir con mis obligaciones escolares; en la universidad, durante los trayectos que hacía en tren para ir de Nuevos Ministerios a Alcalá de Henares y viceversa, y en alguna hora muerta entre prácticas y clases; y en eso que llamamos *adulting*[7], por la noche. Fue en esta última, mientras compatibilizaba familia, amigos, ocio, trabajo nutricional y tiempo para mí misma, cuando caí dentro del frasco de tinta. Perdí el equilibrio y, además, me volví reactiva.

La atracción de la motivación

He dicho antes que las personas escritoras somos como una montaña rusa y que la actitud y la motivación son los dos as-

---

[7] Término adoptado por nuevas generaciones para referirse a actividades asociadas con la vida adulta.

pectos que se ven más afectados. La RAE dice que la motivación es el «Conjunto de factores internos o externos que determinan en parte las acciones de una persona»[8]. Desde el punto de vista interno, la motivación está relacionada con nuestra satisfacción personal —vaya, la respuesta a qué significa para ti escribir—, y ninguna motivación propia es errónea, por mucho que otras personas puedan decir, porque los motivos que nos llevan a sentarnos durante horas a escribir son solo nuestros.

En 2017, la editorial ExLibric publicó el *Informe sobre Hábitos y Motivaciones de un Escritor*[9], en el que el 89 % de las personas encuestadas aseguraron que escribían por placer, muy por delante de las que lo hacían para presentarse a certámenes literarios (20,8 %), ganar dinero (17,5 %) o, simplemente, por publicar (10,7 %). ¿Quieres que te acepten por lo que haces? ¿Que se te reconozca por ello? ¿Que el mercado te recompense con dinero? Da igual cuál sea tu motivación, lo importante es que tanto tú como tu entorno sepáis que vas a dedicarle tiempo y que, al hacerlo, vas a restárselo a otras actividades con otras personas. Remarco esto porque no todo el mundo es capaz de comprender que hay gente que se siente bien pasando tiempo a solas y hace algo por puro placer, sin que vaya a tener, por ejemplo, un gran o ningún reporte económico.

---

[8] Real Academia Española (s.f.). Motivación. En *Diccionario de la Lengua Española*. https://dle.rae.es/motivaci%C3%B3n. Recuperado en noviembre de 2022.

[9] Ex Libric (2017). *Informe sobre Hábitos y Motivaciones de un Escritor*. https://docplayer.es/61819715-Informe-de-los-habitos-y-motivaciones-de-un-escritor.html

De hecho, en 2019, la Asociación Colegial de Escritores de España (ACE), en colaboración con CEDRO y el Ministerio de Cultura y Deporte, publicó el primer estudio que analiza la situación profesional en España, el *Libro Blanco del Escritor*[10]. En él se revela una realidad un tanto precaria, en la que solo un 16,4 % de las personas autoras en España se dedican en exclusiva a escribir —aquí se incluye, además de la escritura de libros, aquellas actividades complementarias o directamente relacionadas como son conferencias, charlas, lecturas, talleres…— o, dicho de otro modo, el 83,6 % tienen que compatibilizar la creación con otro empleo para contar con «Ingresos suficientes para vivir». También que el 77 % percibe menos de mil euros al año en concepto de derechos de autor por la venta de sus libros. Quizá estas cifras hayan mejorado mientras escribo estas líneas, tres años después de la publicación de ese documento, pero, en general, no es que tengamos las cifras a nuestro favor.

La motivación es el impulso que tiene el ser humano de satisfacer sus necesidades. Si las cifras no están a nuestro favor en lo que se refiere a vivir de la escritura, quizá nuestra motivación no deba enfocarse ahí —soñar es gratis y debemos tener fe en nosotras y en lo que hacemos, así que tampoco vamos a perderlo de vista del todo—. Pero si volvemos al significado de qué es para nosotras escribir, podría decir que mi motivación se

---

[10] Asociación Colegial de Escritores de España (ACE) (2019). *Libro Blanco del Escritor (Sobre la situación profesional de los escritores en España)*. https://www.acescritores.com/wp-content/uploads/Reimpresion_LBE2Web.pdf

sostiene en dos pilares: mi amor por la literatura y la necesidad de expresarme a través de ella, y el puro placer de ser capaz de crear algo. Escribo, sobre todo, por el bienestar físico y mental que me produce, aunque ya te he dicho que mentiría si omitiera que también me atrae saber que alguien que no me conoce de nada disfruta con lo que escribo. Quiero que me lean y sé que, al final, no escribo solo para mí, pero sí escribo POR mí.

El factor social

Dedicar gran parte de lo que sería tu tiempo de ocio —contando con que no perteneces a ese 16,4 % que vive de ESCRIBIR— requiere de valentía, una mentalidad fuerte y una actitud positiva y duradera. En estos tres factores también influye el entorno, el punto de vista externo de la motivación. Rodearnos de personas que no solo nos apoyan en lo que hacemos, sino que también nos alientan a no dejarlo cuando tenemos un momento de bajón, ayudará a que mantengamos el foco en lo que nos importa: mantener el hábito de escritura sin que afecte al resto de cosas que forman parte de nuestra vida.

En general, no me considero una persona valiente. Es cierto que en algunos aspectos de mi vida soy lo que se dice echada para adelante y que mi cabezonería hace que persiga con todas mis fuerzas aquello que me propongo —no sé si tendrá algo que ver que sea leo—, pero en el ámbito de escribir la cosa cambia. Como he dicho antes, durante los primeros años de facultad apenas escribí nada relativo a la ficción. En su lugar tenía un espacio web personal en MySpace en el que divagaba sobre la vida y que no ayudaba nada a que me abriera al mundo literario. En el fondo me daba muchísima vergüenza hacerlo —descuida, que en otro capítulo volveremos a este tema—. «Dentro de veinte años lamentarás más las cosas que no hiciste que las que hiciste. Así que suelta amarras y abandona el puerto seguro. Atrapa los vientos en tus velas. Explora. Sueña. Descubre», le dijo su madre al escritor H. Jackson Brown Jr. (1940-2021)[11], que no Mark Twain (1835-1910)[12] , y eso es justo lo que hice.

Al comprender que me faltaba algo, y que ese algo era la escritura, decidí retomar la historia de *Los Guardianes* —fue aquí cuando le puse su nombre definitivo— y acabé el borrador del primer libro. Recuerdo que hablé con mi hermano y mi cuñada porque quería crear un espacio web; ellos me ayudaron a abandonar mi puerto seguro y a lanzarme a la blogosfera utilizando el seudónimo por el que hoy, modestamente, se me conoce en la comunidad literaria.

A raíz de esto, mi hermano, que entonces trabajaba en una empresa de servicios reprográficos, imprimió un par de copias de ese primer borrador para que yo pudiera pasárselo a las llamadas lectoras beta, que fueron mi propia cuñada, dos compañeros de facultad y, sin decirle que era mi novela, una de mis

---

[11] Brown, H. J. (1990). P.S. I Love You: When Mom Wrote, She Always Saved the Best for Last. Rutledge Hill Press.

[12] Lovell, Cindy (2013). That's What He Said: Quoting Mark Twain. Huffpost. https://www.huffpost.com/entry/thats-what-he-said-quotin_b_4282800

tías —la misma a la que está dedicado *Claro de luna*, el segundo libro de *Los Guardianes*—. Recuerdo que al entregarle el libro le dije que me lo habían dejado y que, aunque era fantasía urbana y ella no solía leer ese género, le diera una oportunidad. Ya había recibido el *feedback* de los demás, que había sido mucho mejor de lo que esperaba, cuando mi tía me devolvió el libro y le pregunté qué le había parecido: «Joder, tía, está que te cagas», dijo, y no pude evitar sonreír. «Es mío», le dije. «Lo sabía. Lo vas a publicar, ¿no?». No sé cómo, pero sabía que era mío —deduzco que mi madre se lo dijo. Ella, por cierto, no quiso leerlo hasta que estuvo publicado—. «¡Qué va! No creo que lo publique. Lo he escrito para mí», respondí. «Sí, anda; claro que lo publicas. Está genial», contestó, y, a partir de ese momento, en las reuniones familiares se dedicaban unos minutos a decidir quién de mis tíos sería mi agente, quién mi publicista y quién me llevaría las cuentas de todas las ganancias. Menuda familia, ¿eh? No los puedo querer más.

De mi familia puedo decir muchas cosas buenas, pero de la que más presumo es de que jamás me han cortado las alas. Es más, no solo no lo han hecho, sino que han sido mi Red Bull[13] diario —aunque yo no haya probado esta bebida en mi vida—. Tener un entorno familiar positivo a la hora de escribir, y aquí también entra esa familia que se elige, hace que nos sintamos cómodas, seguras y, sobre todo, motivadas, porque sabemos

---

[13] El lema de la marca de bebidas energéticas Red Bull es «Red Bull te da alas», referido a las propiedades estimulantes de la bebida.

que contamos con su apoyo y, por lo tanto, encaramos la escritura con una buena actitud.

Sin embargo, por mucho que sepamos qué queremos conseguir escribiendo, por muy fuerte que sea nuestra motivación y que tengamos una actitud positiva y proactiva, existen factores que pueden hacer insostenible la situación. Cuando eso sucede, serán, precisamente, la actitud y la motivación que tengamos lo que determinará la forma en la que nos enfrentemos a ella. Y es que, en toda historia, por muy idílica que parezca, siempre hay al menos un villano.

5

Toda historia tiene al menos un villano

¿Qué sería de las historias si no hubiera un villano? Da igual del tipo que sea —una persona, una institución, un pensamiento…—, sin él no se produciría el crecimiento personal que nos lleva a mejorar nuestros talentos, desarrollar nuestro potencial y asentar nuestra capacidad de luchar por nuestros sueños. En definitiva, necesitamos un villano que nos desafíe. Y si algo forma parte de nuestra naturaleza, y nos pone a prueba constantemente, es el miedo.

Definido por la RAE como «Angustia por un riesgo o daño real o imaginario» y «Recelo o aprensión que alguien tiene de que le suceda algo contrario a lo que desea»[14], el miedo es un sentimiento de desconfianza que nos impulsa a creer que sucederá algo negativo —como el villano que amenaza la esta-

---

[14] Real Academia Española (s.f.). Miedo. *Diccionario de la Lengua Española*. https://dle.rae.es/miedo. Recuperado en noviembre de 2022.

bilidad de quien protagoniza una historia—. En el peor de los casos, nos paraliza porque tiene un gran impacto en nuestra mente y, cuando esto último pasa, nos invaden pensamientos negativos, nos sentimos inquietos y disminuye nuestra capacidad de control.

Nos guste o no, y por mucho que queramos negarlo o incluso fingir que no existe, mientras escribimos cómo nuestra protagonista se enfrenta a aquel que le presenta una oposición física o mental, nosotras —recuerda, PERSONAS— nos enfrentamos al mismo tiempo a nuestro particular villano, que puede ser uno solo o formar parte de un plan mayor.

Villano n.º 1: El síndrome del impostor (el matón de la clase)

Si eres escritora, seguro que no es la primera vez que oyes hablar de este villano, ¿me equivoco? No es que sea específico de nuestra actividad, pero sí que parece sentir cierta debilidad por las escritoras. Tímido y apocado, pretende aumentar su autoestima a nuestra costa. No decide cuándo aparece, no tiene empatía e intenta controlarnos.

Así es el síndrome del impostor, un fenómeno psicológico que nos induce a creer que no somos lo suficientemente capaces y creativas para llevar a cabo lo que estamos haciendo. Descrito por las psicólogas clínicas Pauline Clance y Suzanne Imes en 1978, según la doctora Valerie Young, cofundadora del Impostor Syndrome Institute[15], este afecta al 70 % de las personas en algún momento de sus vidas. Los factores que pueden causar ese sentimiento de insuficiencia son varios, pero el principal, y el que me afectó a mí, fue una falta de seguridad en mí misma que se autoinvitó a mi cita con la escritura.

Durante mi último año del colegio, y en especial en mi segundo del instituto, tuve a mi particular matón de clase —o, mejor dicho, matonas, en femenino plural—. Un auténtico *annus horribilis* en el que me refugié en los libros y la escritura. A pesar de que en aquel año también se forjó mi carácter actual, con genio y nada dispuesta a que me ninguneen —apuntaron a mi mayor debilidad y yo saqué la espada y el escudo para defenderme—, ese sentimiento de inseguridad e insuficiencia que tenía entonces no llegó a desaparecer nunca. Esa es la razón por la cual, a la hora de hablar de mí, ya de adulta, evitaba la palabra ESCRITORA y, lo que era peor, no me reconocía a mí misma como tal.

La periodista y escritora Rosa Montero dice en su libro *El peligro de estar cuerda* que, en especial a las personas que escribimos, no solo nos encantan los impostores, sino que, además, «Tenemos una notable tendencia a sentirnos un fraude». Tiene razón, si no, ¿por qué nos cuesta tanto decir que somos escritoras? ¿Por qué, incluso, se lo ocultamos a nuestro entorno? Ya te he contado que le pasé mi primera novela a mi tía sin decirle

---

[15] Young, V. (2022). Impostor Syndrome Institute, LLC. https://impostorsyndrome.com/

que era mía. Nuestro gusto por la literatura y por plasmar nuestras inquietudes y pensamientos en las historias que creamos, ya sea en forma de relato, poema o novela, no tiene por qué quedarse en un cajón del escritorio. ¿O acaso las cantautoras no hacen lo mismo a través de sus canciones? ¿O el resto de las personas en las demás disciplinas artísticas?

Ahora que echo la vista atrás, me genera mucha tristeza ser consciente de que no podía compartir con la gente algo que adoraba —y adoro— hacer y que me hacía —y hace— sentir tan bien por miedo a no ser lo bastante buena o que no me tomaran en serio. Si lo piensas, ahora nos lanzamos a las redes sociales para que un puñado de desconocidos, que tal vez en algún momento sean cientos, lean lo que escribimos y nos juzguen sin conocernos. Y si tenemos en cuenta esa exposición, ¿de verdad no somos capaces de decirle con orgullo a nuestro entorno que somos escritoras?

Siempre he creído que el origen del síndrome del impostor era externo, como el matón de clase, y que tenía mucho que ver con lo que otras personas pensaran de mí. Déjame contarte un secreto: el matón de la clase puede ser externo, pues siempre habrá alguien que te haga pensar así, pero también viene de nuestro interior y es el responsable de llenar gran parte del frasco en el que a veces nos hundimos, de la percepción que tenemos de nosotras mismas y de los pensamientos limitantes que se generan en torno a ella. Eres lo que crees que eres —parece una frase de Mr. Wonderful, pero creo que es del escritor Paulo Coelho—, y si crees que eres escritora, es que eres escritora. Dilo en voz alta y con orgullo, porque, si tú no asocias la palabra ESCRITORA a tu identidad, ¿por qué han de hacerlo otras personas?

Villano n.º 2: El esfuerzo en vano (el que no debe ser nombrado)

Cualquiera que haya dedicado tiempo y esfuerzo a un proyecto personal, lo exponga o no al público, quiere su recompensa. En el caso de las personas que escribimos, nuestra recompensa está, en primer lugar, en haber sido capaces de acabar el manuscrito y, en segundo, en obtener reconocimiento. No lograr alguna nos da tanto miedo que ni nos atrevemos a llamarlo por su verdadero nombre, como si no pudiera ser nombrado.

Crecemos con una frase muy de Mr. Wonderful: «Si te esfuerzas, tendrás tu recompensa». Si bien durante unos años cumple bien su función motivadora, cuando nos llega el primer carpetazo en la cara nos damos cuenta de que no es una mala frase en sí misma, pero sí es un poco superficial. Porque, aunque nuestra familia nos prepare psicológicamente para lidiar con la frustración de no lograr lo que nos proponemos, en el fondo no sabemos lo que es hasta que lo hemos dado todo y no logramos lo que queremos.

En nuestro caso, ¿qué pasa si no logramos plasmar la idea que teníamos en la cabeza?, ¿qué sucede si, después de dedicar incontables horas a documentar, planificar, escribir y pulir una novela, no logramos publicarla? O, si nos decidimos por la autopublicación —hoy en día existen diversas opciones para dar salida a nuestros manuscritos—, ¿qué ocurre si apenas tenemos ventas? La interiorización de la relación causa-efecto en la que, si nos esforzamos, conseguiremos nuestra recompensa hace que temamos al resultado negativo. Empecemos a llamarlo por su nombre de una vez: fracaso.

Yo he fracasado muchas veces en la vida, incluida en mi faceta de escritora: he fracasado a la hora de terminar una novela, a la hora de publicar otra que sí había terminado y, después de publicarla, porque no he logrado que se hiciera un hueco en el mercado. Ahora lo admito con tranquilidad porque he comprendido que el fracaso forma parte de nuestra vida y que, dentro del ámbito literario, las posibilidades de sufrirlo son muy altas. Sin embargo, hubo un tiempo en el que era incapaz de asimilarlo, y mi manera de afrontarlo era echar balones fuera.

Cuando no obtenemos los resultados que esperamos, nuestras frustraciones e impotencia crecen en la misma proporción en que disminuyen nuestras ilusiones y esperanzas, y tendemos a no responsabilizarnos. Yo culpé a los supuestos imprevistos, que me impedían sentarme a escribir; a las editoriales, por no haber visto el potencial de mi novela, y al público lector, por no saber apreciarla. Sí, así de soberbias somos a veces. Pero hay que bajarse de la Nube Kintō —aquí otra referencia friki— y ver el fracaso como una oportunidad de aprendizaje. Y es que el fracaso también se define como el resultado adverso en una cosa que se esperaba que sucediese bien. Y los resultados, querida lectora, pueden cambiarse con el tiempo. ¿Sabes por qué?

Porque tú eres la única persona que decide si has fracasado o no.

Recuerda que escribir nos hace sentir bien; nos completa. Y, solo por eso, todo lo que hagamos jamás será un esfuerzo en vano o un fracaso, llámalo como quieras.

Villana n.º 3: La incomprensión (la *femme fatale*)

La escritura es la forma en que fijamos, mediante un conjunto de signos gráficos, el lenguaje con el que hablamos. Es el modo que utilizamos para comunicarnos y transmitirnos información, ideas, conocimientos y hasta sentimientos.

Si bien es algo que muchos seres humanos tenemos en común, no la usamos de la misma forma —recuerda la frase de Joël Dicker sobre que todas las personas saben escribir, pero no todas son escritoras—. Quienes la utilizamos de un modo creativo representamos la vida con sus contradicciones y ponemos nuestra alma para, después, con la publicación del texto, lanzar al mundo un mensaje que cada persona interpretará de un modo. Pero si hay algo que nos afecta mucho a las escritoras, es la incomprensión; una actitud poco tolerante que no respete nuestros sentimientos o actos.

Esta incomprensión aparece como una *femme fatale* dispuesta a atraparnos entre sus brazos, y lo hace de dos formas. Por un lado, desde el uso de nuestra principal herramienta: ¿cómo podemos ser escritoras, o llamarnos a nosotras mismas así, si no sabemos utilizarla? La incomprensión nos infunde el miedo a no ser capaces de plasmar aquello que deseamos transmitir con nuestra historia, es decir, que el hilo emisor-mensaje-receptor no conecte. Así pues, si queremos hacernos entender, debemos creer que tenemos algo que decir, que nuestro mensaje es importante, y pensar en quién va a recibirlo a través de lo que escribimos. La utilización del lenguaje como herramienta está íntimamente ligado al proceso de aprendizaje: leer, escribir, corregir. Leer, escribir, corregir. Leer, escribir, corregir. ¿Hace falta que lo repita más veces? Eso sí, ten en cuenta que su magnitud y su riqueza son tales que nunca llega a dominarse del todo.

La otra forma de incomprensión requiere más fortaleza mental que práctica porque está relacionada con el aspecto social. Una de las razones principales por las que nos cuesta tanto decir que somos escritoras es la falta de empatía de la gente que nos rodea, ese miedo a no ser tomadas en serio del que hablaba antes, además de la temida comparación y las preguntas asociadas. En el caso de las novelas, y hablo por experiencia, en cuanto se menciona de qué trata lo que estás escribiendo o has escrito, la oyente con falta de empatía interrumpe con frases como «¡Ah!, como las novelas de fulanita, ¿no?», «¿Eso no está muy visto, ya?», «Eso es una mierda, mejor escribe sobre la idea que he tenido o —su variante— sobre mi vida».

Volveremos más adelante a este tipo de actitudes que minan nuestra autoestima y nos hacen sentir incomprendidas, pero, en general, quédate con la idea de que en esta versión de la *femme fatale* el problema no lo tienes tú.

Villano n.º 4: El rechazo (el Señor Oscuro)

Que no te engañe que hable del miedo al rechazo más tarde que de otros: es el más poderoso. Puede atacarnos de diferentes formas, a través de cualquiera de los anteriores villanos o por sí mismo, cual implacable Señor Oscuro con una lujuria insaciable por dominarnos y con el que no es posible razonar ni negociar.

La primera de sus caras llega a través de la *femme fatale* y el rechazo social, que ni entiende ni quiere entender lo que hacemos y nos ataca con sentimientos negativos como la decepción, la tristeza o la soledad al darnos cuenta de que quienes creíamos que nos apoyarían y acompañarían en el tortuoso camino de la escritura creativa no solo no nos comprenden, sino que tampoco nos toman en serio. Sé que duele porque lo he vivido, no con mi familia, sino con amistades dentro de la propia comunidad literaria, pero no estás sola. Durante mucho tiempo yo creí estarlo. Por suerte, hay mucha más gente que comparte tus inquietudes, que conoce a los villanos a los que nos enfrentamos y que te brindará su arco y sus flechas si es necesario. Si lo necesitas, cuenta con mi espada.

Su segunda cara la descubrimos dentro del sector literario, con el que no debe ser nombrado, al proponernos publicar nuestra historia a través de una editorial y todo lo que obtenemos son rechazos o, lo que es peor aún, silencios. Si tenemos en cuenta que el objetivo principal de toda escritora suele ser publicar, y si es con una editorial, mejor —aunque, bueno, este tema daría para otro libro—, cuando enviamos nuestra propuesta editorial o nuestra novela, las negativas o la falta de comunicación suelen ser mazazos.

Pero no tienen por qué serlo: primero, porque son unas cuantas las personas escritoras que han vendido millones de libros y cuyas primeras novelas no fueron aceptadas enseguida —mira J. K. Rowling o Stephen King— y, lo segundo, porque ahora existen otros medios para publicar sin depender de una editorial. De todas formas, el mayor error que se suele cometer al hablar de editoriales —yo incluida— es apuntar demasiado alto. Está bien creer en ti misma y soñar, no me malinterpretes, sin embargo, hay objetivos más cercanos a los que apuntar antes, puesto que están más predispuestos a abrirles las puertas a nuevas plumas que aquellos que tienden a buscar plumas consagradas o con la influencia suficiente como para que no suponga un riesgo económico. La literatura es cultura y es muy bonita, pero recuerda que también es un negocio.

La tercera cara deriva del síndrome del impostor cuando recibimos una crítica. Del miedo que nos infunde, nos arrugamos como una bola de papel y nos derrumbamos como una estantería desbordada de libros si lo que dicen de nuestro trabajo literario no nos gusta. Nos hacen creer que no somos lo bastante buenas y que no podemos progresar, pero se equivocan. Hay dos cosas muy importantes que debemos tener en cuenta a la hora de exponer nuestro trabajo: la primera es que no le gustaremos a todo el mundo ni en la vida real ni en el ámbito literario. «Por cada persona a la que le guste tu trabajo, habrá dos a las que no les guste y tres a las que les resulte indiferente», dice con mucho acierto Ana Bolox en *Mentalidad de escritor*. La segunda es que, de entre a quienes no les guste, es importantísimo para nuestra salud mental saber diferenciar las críticas constructivas, de las que aprendemos porque aportan información relevante para mejorar y analizar qué aspectos fallan, de las destructivas, que se hacen sin respeto, son dañinas, tóxicas y no nos ayudan nada.

La última cara es la suya propia y viene directa desde dentro de la comunidad literaria. Quizá tu forma de ser se salga de los patrones, porque aquellas modas de «Si me sigues, te sigo» y «Si me comentas, te comento» nunca te gustaron o han terminado por cansarte; o a lo mejor ves que hay cierta falsedad en gran parte de la camaradería literaria que se proyecta —yo he visto mucha, aunque también he forjado grandes amistades— y no quieres ser parte de ella; o porque los egos o la superioridad de otras personas te dejan fuera.

De hecho, compartir en Blogger mi andadura en los intentos por publicar la historia de *Los Guardianes* con una editorial —la locura de ir con una saga literaria es otra historia— hizo que me ganara algunas enemistades o, para ser más exacta, que varias personas hoy bastante conocidas en la comunidad literaria dejaran de interactuar conmigo. La única explicación que le encuentro, además de que dejase de seguir las modas anteriores, es que tuvieran miedo a que mi sinceridad respecto al tema de las editoriales y los contratos que he mencionado en la introducción de este libro les salpicara de alguna forma e impidiera que publicaran más adelante, como han hecho, con una editorial. Dados los problemas que había sufrido por el *bullying* durante el colegio y el instituto, me costó un poco comprender que esas personas no encajaban para nada conmigo y que eso no tenía por qué ser malo. Solo formábamos parte de dos comunidades literarias diferentes.

Villano n.º 5: La página en blanco (Némesis)

¿Qué es lo peor que le puede pasar a una escritora? Fácil: que no escriba. La temida página en blanco es nuestra némesis porque, de alguna forma, hemos ayudado a que se produzca, ya sea de forma voluntaria o no.

Como aconseja Stephen King: «No hay que abordar la página en blanco a la ligera». Él se refiere más bien a la actitud que tenemos frente a ella, aunque a mí me vale para resaltar la importancia de la planificación a la hora de sentarse a escribir. No es necesario preparar una escaleta superdetallada a modo de *mapa* —de hecho, para el propio King, el esquema argumental es el último recurso al que debemos acudir—, pero sí debemos tener al menos una ligera idea de qué queremos contar para que la historia salga con fluidez; ser un poco más brújula, vaya. O, como yo me defino a mí misma, un GPS: tengo una idea de cómo se va a desarrollar, pero luego, mientras escribo, es posible que la historia me pida que coja un desvío y añada algo que no tenía previsto.

La página en blanco por falta de planificación es más común de lo que nos gustaría, y no creas que a mí no me ha tocado enfrentarme a mi némesis particular. Al comenzar a escribir la historia de *Los Guardianes*, cuando todavía no se llamaba así y tenía otra ambientación, no planifiqué gran cosa y me dejé llevar tanto que al acabar la primera parte supe que era una primera parte porque había dejado varias subtramas sin resolver. Pero a la hora de ponerme con la segunda solo escribí un par de capítulos. Ahora sé que fui incapaz de continuar, entre otras cosas, porque que no sabía a dónde quería llevar la historia; algo no funcionaba.

Al volver a ella más tarde, le cambié la ambientación y algunos elementos narrativos. Identifiqué los puntos importantes que quería tratar y cómo hacerlo y, entonces, fluyó. Lo que no hice fue esperar a que vinieran las musas de visita porque, siendo honesta, nunca he creído en ellas. De hecho, me parece que son una figura que engaña a nuestra mente creativa y considero que sentarnos a esperar a que nos hablen es una pérdida de tiempo, justo de lo que más nos quejamos de que nos falta. Si nos enfrentamos a la página en blanco, lo que debemos hacer es pensar, en primer lugar, por qué estamos ante ella y, en segundo, cómo llenarla. Aquellas personas que creen en las musas —y no seré yo quien les borre su fe— saben que, tal y como vienen, se van, y la inspiración divina, espontánea e intermitente no es la mejor forma de terminar nuestros proyectos literarios.

La otra razón por la que la página en blanco se presenta ante las escritoras es porque no sabemos gestionar bien un enfrentamiento con cualquiera de los villanos anteriores. Vengan de uno en uno, o todos a la vez, pueden provocar un bloqueo mental que impida que avancemos en nuestra historia. ¿Has visto alguna vez la escena de Los Simpson en la que un doctor le explica al Sr. Burns que es el hombre más enfermo de Estados Unidos, pero que todas sus enfermedades se encuentran en perfecta armonía y que por eso no se muere? Para que lo entienda, el doctor lo escenifica mediante una puerta abierta en cuyo marco está atascado todo lo que padece el Sr. Burns. Imagina que tu mente es esa puerta abierta y que a un lado está tu creatividad y al otro, la página en blanco que espera a ser escrita. En el marco, todos los villanos se amontonan e impiden que la primera llegue a la segunda.

Villano n.º 6: El pirateo (Predator)

Tras horas y horas invertidas en planificar, escribir, leer, corregir, reescribir, leer, corregir... —solo aquellas personas que también escriben saben lo que supone escribir un libro—, y después de que tomemos la importante decisión de publicar nuestro trabajo en una web, lo que más tememos es que alguien se aproveche de nuestro trabajo. Ese alguien es un Predator.

Los depredadores siempre están al acecho y, aunque no lo parezca, están por todas partes. Tú intentas llegar al mayor público posible y utilizas diferentes técnicas de marketing, como regalar tu libro a cambio de una reseña o hacer alguna promoción de descarga gratuita durante un periodo corto de tiempo.

Tú, que lo haces con la misma ilusión con la que te sentaste cada sesión a escribir tu historia, te encuentras con que, de repente, un Predator coge tu trabajo de meses —por el que tienes todo el derecho a cobrar—, lo piratea y encima se lucra a tu costa.

Hay quienes simpatizan con este villano. Piensan e incluso se jactan de que hacen un favor al poner los libros a disposición de miles de usuarios y que nosotras, como autoras, debemos verlo como algo positivo porque nos da visibilidad. Otro argumento que se usa de forma muy habitual es que la descarga de unos cuantos libros no daña a nadie porque existe la creencia de que un gran sello editorial no lo notará —que también lo nota—. Sin embargo, en el caso de editoriales más modestas o escritoras autopublicadas, como es mi caso, el perjuicio es aún mayor.

Personalmente, no considero que alguien me esté haciendo un favor si piratea mis libros, sino todo lo contrario: no valora mi trabajo. Es una sensación horrible, como si hubieran robado una parte de ti, porque en realidad lo han hecho. Desde que vi mis libros pirateados, ya no he vuelto a hacer ninguna promoción de descarga gratuita ni he cedido una copia en digital para que alguien hiciera una reseña, aunque no son las únicas vías que abren la puerta a la piratería. Perdón por querer ganar algo de dinero con la escritura —nótese la ironía—.

También me he enfrentado a este villano, así que, ¿qué podemos hacer para combatir al Predator? Lo primero de todo, hacernos a la idea de que es muy posible que esa no sea la única vez que suceda, pues, en esta era de internet y revolución digital en la que vivimos, los límites de la propiedad intelectual se difuminan; aunque esto no quiere decir, ni mucho menos, que tengamos que dejarlo pasar.

Doy por supuesto que antes de publicar tu novela la has registrado en algún registro de propiedad intelectual, ya sea en Safe Creative o el registro oficial de tu país. Hacerlo te proporcionará un mecanismo de protección y salvaguarda de tus derechos con respaldo legal ante un posible plagio o uso ilícito de tu obra. Dicho esto, si por desgracia has de enfrentarte alguna vez a este villano, lo que debes hacer es informar a la plataforma en cuestión en la que tu libro se encuentra pirateado —y a tu editorial, si la tienes— para que ambas partes tomen las medidas correspondientes. También desde CEDRO (Centro Español de Derechos Reprográficos), si eres socia y cuya afiliación es gratuita, te echarán una mano. En el caso de los servicios de mensajería, por ejemplo, existe la posibilidad de reportar la piratería para que cierren el canal o el grupo por el que se distribuye la copia ilegal.

Otra opción es notificarlo a Google para que deje de indexar en el buscador la web en la que se encuentra tu libro pirateado. Quizá no consigas que la web cierre, pero, si deja de aparecer en las búsquedas con más frecuencia, será más complicado dar con ella. En el caso de Google Drive, puedes denunciar una violación de derechos de autor para que elimine el archivo. Por último, están las autoridades, pues te recuerdo que es delito contra la propiedad intelectual, aunque parece una vía menos directa y más engorrosa.

En mi caso, la primera vez recurrí a CEDRO y lograron que se cerrara la página que ofrecía mi libro; y en la segunda le sumé la acción de Google. Funcionó y dejé de ver mi novela pirateada, aunque estoy convencida de que, si hoy mismo hiciera una búsqueda, volvería a encontrarla en otras páginas. Predator es muy cansino.

Cada profesión tiene sus propios villanos, unos más fuertes que otros, pero villanos, al fin y al cabo. Formar parte del mundo literario no es fácil; hay muchas cosas que tener en cuenta y a las que hacer frente y, para ello, se necesita una buena fortaleza mental. Sin embargo, no debemos tener miedo. «Existen tantos miedos como puedan inventarse», dice el psicoterapeuta Giorgio Nardone en su libro *Más allá del miedo: Superar rápidamente las fobias, las obsesiones y el pánico*, y aquellas que optamos por la escritura somos expertas en crear alguno nuevo. Cuando uno de estos villanos, o uno nuevo, venga a ti, recuerda por qué empezaste y qué hace que te sientes a escribir cada sesión. «He hecho algo contra el miedo. He permanecido sentado durante toda la noche, y he escrito», dijo el poeta y novelista Rainer María Rilke (1875-1926).

6

El verdadero coste de escribir

Hay una serie de costes a los que todas las escritoras debemos hacer frente. Si queremos tener un libro con unos estándares mínimos de calidad, debemos invertir en varios de los procesos o etapas: la corrección, la maquetación, la ilustración o el diseño de la cubierta…, y hasta la traducción, si nos da por ahí. De estos procesos se suelen encargar, por lo general, las editoriales; pero, si optamos por vías como la autopublicación o la coedición, tendremos que hacer un desembolso económico. Sin embargo, existe un coste que, con independencia del camino escogido, no nos queda más remedio que afrontar y que, además, es el peor de todos, el que más cuesta: el coste anímico.

El coste anímico se produce de forma sigilosa y se cuece a fuego lento en nuestros pensamientos sin que apenas nos demos cuenta. Es la fusión de todos los villanos que describía en el capítulo anterior: EL VILLANO DEFINITIVO. Tú. Yo. Somos nuestro mayor villano.

De la autoexigencia a la frustración

Está bien marcarse metas y prepararnos física y mentalmente para cumplirlas, pero cuidado con venirse muy arriba, es decir, ponernos metas inalcanzables que no tengan en cuenta nuestro estilo de vida y estado de ánimo, porque la autoexigencia que nos impondremos para cumplirlas podría ser un problema importante.

Los seres humanos somos propensos a engañarnos a nosotros mismos sin darnos cuenta y, a menudo, lo hacemos al marcarnos metas. Nos han vendido que hay que ganar sí o sí, que debemos ser mejores que los demás y que no debemos concebir el fracaso —recuerda, *el que no debe ser nombrado*—. Sin embargo, del mismo modo que al principio de este libro te planteaba qué significa para ti ESCRIBIR, ahora te pregunto qué es para ti GANAR. A mí me inculcaron que está bien luchar por lo que te propones, pero también que es probable que no lo logres siempre y que no pasa nada si no lo haces; ya habrá más oportunidades o nuevas metas. Ganar no es vencer a los demás, es superarnos a nosotras mismas, así que, a la hora de escribir, si no eres tan superproductiva como las demás, no significa que no tengas un interés real en lo que haces o que no luches por ello, sino que tienes otro ritmo y hábitos de trabajo.

Esta especie de competición en la que nuestra mente entra cuando no tiene claro cómo alcanzar lo que quiere —o sí, pero no termina de llevarlo a cabo—, es lo que hace que queramos abarcar demasiado y luego nos frustremos si no llegamos a todo. En el ámbito de la escritura, donde el mercado está lleno y hacerse un hueco es muy difícil —si optas por la autopublicación, ni te cuento— es muy frecuente que venga a nosotras la sensación de que nos estamos quedando atrás.

Una escritora no vive de un solo libro, sino de un catálogo, y eso requiere sacar un libro nuevo al año o año y medio como mínimo. Ese también era mi plan, aunque no salió como esperaba. Para empezar, yo me metí de cabeza a escribir una historia compuesta por varios libros —no fue mi intención— y, aunque sé que no fue la decisión más acertada, porque he arrastrado durante muchos años el objetivo de terminarla mientras apartaba otros proyectos literarios que quizá sí podría haber terminado en un año, no me gusta dejar las cosas a medias. Y, para continuar, soy una de esas personas a las que no les gusta estarse quieta y tiende a involucrarse en varios proyectos a la vez. No creo que sea malo, pero tampoco del todo bueno si esos proyectos resultan demasiados y no sabemos cuál priorizar.

Además del trabajo nutricional, la familia, los amigos y el descanso tenía que encajar la escritura dentro de mi tiempo de ocio y, si no lo lograba, me invadía un profundo sentimiento de frustración. «No tengo tiempo» es una de las grandes excusas que nos ponemos si no somos capaces de organizarnos, y empezamos a derrumbarnos. Sin embargo, no le damos importancia cuando nos pasamos veinte o treinta minutos frente al teléfono móvil con vídeos de gatitos o de alguien que corta jabones, así que, en realidad, esa *falta de tiempo* es más bien una cuestión de prioridades.

De hecho, una de las cosas que me hizo caer en el frasco de tinta fue dudar de si la escritura estaba entre mis prioridades. Me sentía siempre frustrada por la falta de tiempo para escribir y empecé a considerarlo una obligación —aquí también incluyo la generación de contenidos para mi web y la gestión de mis redes sociales—. En esa visión está el punto clave. Si percibes como una obligación que debes encajar dentro de tu rutina algo que te apasiona y que si, por ti fuera, harías a todas horas, hay un problema. Es conveniente saber diferenciar bien entre el TENER QUE y el QUERER, porque esto nos influye a la hora de sentarnos a escribir o en la predisposición que tenemos para hacerlo, la actitud y la motivación de la que hablaba hace un par de capítulos.

Ya vivimos rodeados de unos cuantos «Tengo que» como para que también metas la escritura en ese saco, con la importante carga de obligación que lleva asociado. Lo peor es que, al hacerlo, podemos dañar nuestra autoestima y cómo nos vemos a nosotras mismas como escritoras cuando no hacemos «Lo que tenemos que hacer». Sin embargo, si enfocas la escritura dentro del «quiero», como una prioridad, aunque esté integrada dentro de tus rutinas, será más sencillo asumir la responsabilidad de hacerlo, ya que aplicarías un pensamiento más positivo.

De la fe ciega al golpe de realidad

Otra característica que tenemos las personas que escribimos es que nos invade una fe ciega en lo que hacemos. Nuestro carácter soñador nos dibuja un camino de la escritura llano e idílico en el que paseamos por hermosos paisajes y vemos las justas desde la barrera. Sin embargo, como has comprobado en las páginas anteriores, la realidad es bien distinta. Esta no solo hará que desaparezca el velo que a veces nos ciega —lo que es bueno—, sino que puede provocar que perdamos la fe en nosotras mismas, nos empuje un poco más hacia el fondo del frasco y nos incite a plantearnos que ya no vale la pena nadar.

Esa fe ciega en nosotras mismas y en lo que hacemos puede llevarnos a creer que no cometemos errores o que no tenemos nada que aprender. Nada más lejos de la realidad. Siempre hay algo nuevo que aprender y/o mejorar, porque ni siquiera las personas afortunadas que viven de la escritura o a quienes se les atribuye lo de *bestseller* son perfectas. Por un tiempo yo también estuve cegada por esa fe. No me consideraba perfecta, no me malinterpretes, pero sí creía que los manuales de escritura no me aportarían demasiado y que los cursos pondrían en tela de juicio mis proyectos literarios. Como en todo, algunos sirven y otros no, y ahí estás tú para decidir con qué te quedas de cada uno.

En otro aspecto en el que tenía una fe ciega era en que debía publicar con una editorial sí o sí; que otras vías, como la autopublicación o la coedición, eran un fracaso y una forma de decirle al sector literario que no era lo suficientemente buena y que para mí no había otra opción. Me costó comprender lo equivocada que estaba y me tragué mis palabras no solo al leer unos cuantos libros autopublicados que eran una delicia, sino al ver que personas que habían optado primero por este camino, después también firmaban con una editorial —lo que se conoce como «escritora híbrida»—.

Por desgracia, aún hay mucha gente que piensa como pensaba yo y la autopublicación aún carga con muchos estigmas. De hecho, cuando nos encontramos con gente de esa opinión, podemos llegar a sentirnos escritoras inferiores. Es una realidad. Es cierto que la autopublicación es un camino mucho más duro, pero tampoco va a interponerse entre tus sueños y tú. ¿Has soñado con presentar tu novela? ¿Recibir comentarios positivos sobre ella de gente que no conoces? ¿Firmar en la feria del libro de tu ciudad? ¿Ver tu libro en las bibliotecas? ¿Participar en una charla? Todo eso lo puedes cumplir, te lo aseguro. Y lo hago porque yo, que de momento he optado por la autopublicación, lo he logrado.

Del sueño al chiste

«Escribir es crearse un mundo propio», dice Stephen King en *Mientras escribo*. Él lo dice en el sentido de crear nuestro propio espacio de trabajo en el que aislarnos mientras escribimos, hacernos fuertes y dejar que las palabras lleguen a ser algo más que meras palabras. Pero también me gusta pensar en esa frase para describir esa parte personal que volcamos en nuestras historias y que conecta el mundo que creamos con el nuestro. «Escribe lo que quieras, infúndele vida y singularízalo vertiendo tu experiencia personal de la vida», dice también, porque cuando alguien lee la historia que hemos creado está leyendo una parte de nosotras, como tú conmigo en este libro. Esa es la parte bonita.

La parte no tan bonita consiste en encontrarnos con el Señor Oscuro en cualquiera de sus formas. ¿Por qué parece que, si decimos que somos escritoras, tenemos que esforzarnos más que si nos dedicásemos a otro ámbito? Por ejemplo, si una persona que es o quiere ser música dice «Yo toco la guitarra» o «Yo compongo canciones», la respuesta suele ser «¿Qué tipo de música» o «¡Qué guay! ¿Dónde puedo escucharte?». A las escritoras rara vez nos dicen a la primera «¿Qué es lo que escribes» o «¿Dónde puedo comprar tu libro?». No todo el mundo lee y no vamos a culparlos por no hacerlo, pero no me refiero a la respuesta concreta que dan, sino a su reacción emocional.

Por desgracia, esta percepción no se queda ahí. ¿Cuántas veces le has dicho a alguien que eres escritora y no te han tomado en serio? ¿Y cuántas veces alguien te ha preguntado por tus novelas o relatos, o tu carrera de escritora, de un modo que parece que no le interesa de verdad? Ya sabes, con esa expresión en la cara que va acompañada de un tono que te hace pensar que te lo pregunta para echarse unas risas. «¿Cuántos libros has vendido?», «Pero ¿eres conocida o no?», «La cuenta la pagas tú, ¿no? Que con todos los libros que vendes…». O, peor aún: cuando en un círculo literario estás tú, por ejemplo, autopublicada y hay otras personas que buscan editorial, porque la autopublicación no entra en sus planes, y eres la única a la que no le preguntan cómo vas con tus proyectos literarios. En ese tipo de momentos te das cuenta de que lo que para ti es un plan, un sueño, un propósito o tu forma de autorrealizarte, para otras personas no es serio ni profesional.

Si alguna vez te encuentras en una situación como esa, piensa que quizá el resto no entiende, o no quiere entender, lo que cuesta poner el punto final a un proyecto literario. Da igual a través de qué vía acabes publicando, nunca sabrán todo lo que hay detrás de ser escritora: de las horas delante de los folios en blanco o del ordenador, no solo para escribir, sino también para documentarse y corregir, por no hablar del emprendimiento que engloba tener un perfil de escritora. Así que no dejes que te hundan y recuerda, una vez más, por qué te sientas a escribir.

Cuando me encontré en varias situaciones similares en entornos que consideraba seguros, me fui de aquellas quedadas antes de tiempo y con muy mal cuerpo. Solo quería llegar a casa y desahogarme. Por suerte, siempre encontraba las palabras que necesitaba escuchar para dejar de sentirme mal. Y aunque reconozco que esas situaciones tiraron de mí un poco más hacia el fondo del frasco, también me ayudaron a comprender quiénes sí y quiénes no.

7

El frasco de tinta

A lo largo de este libro he mencionado varias veces el frasco de tinta en el que me bañé durante un tiempo, pero todavía no te he contado el momento exacto en el que toqué fondo. La importancia de encontrar el equilibrio, los villanos a los que nos enfrentamos y el coste anímico que supone me hundieron poco a poco en diferentes momentos de mi vida sin que apenas me diera cuenta. Y escribo «apenas» porque, aunque era consciente de que me provocaban una sensación desagradable, tenía la firme convicción de que se irían tal y como se habían presentado. Lo que no sabía entonces era que navegaban con libertad en mi subconsciente para transformar mi pensamiento, y que yo creía estar buceando cuando en realidad era incapaz de salir a flote.

De hecho, a mis primeros encuentros con los villanos no les presté demasiada atención: pensaba que no tenían ninguna influencia sobre mí y que lo tenía todo bajo control; que no me afectaban. Me engañaba a mí misma, creyéndome inmune a sus ataques. Tenía una percepción selectiva con la que seleccionaba lo que quería ver, culpaba a los demás y, por supuesto, no admitía mis errores. De forma inconsciente, transformé esos pensamientos en una de las mayores excusas que solemos poner las escritoras: «No tengo tiempo». Y para demostrarte por qué sé que era un autoengaño, deja que retroceda un poco y te ponga en situación.

La incapacidad mental

A mediados de 2019, después de haber publicado *Claro de luna*, la segunda parte de la historia de *Los Guardianes*, en marzo; de haber estado en Literania como autora, en mayo; y antes de firmar en la Feria del Libro de Madrid, en junio —sí, fui a firmar por segundo año consecutivo con una novela autopublicada. ¿Ves cómo los sueños se cumplen?— quedaban unos días para la celebración de Lit Con Madrid[16] en el marco de la propia feria —no sé si lo sabías, pero soy una de las organizadoras del evento— cuando sufrí, mientras trabajaba, mi primer y único ataque de ansiedad hasta la fecha. Me sentía física y mentalmente agotada por muchas razones que poco tenían que ver con la escritura, aunque los villanos seguían navegando a sus anchas, y recuerdo que en ese ataque perdí el control de mí mis-

---

[16] Lit Con Madrid es un evento literario anual celebrado durante un fin de semana en el marco de la Feria del Libro de Madrid. http://www.litconmadrid.es/

ma. No lo identifiqué como una crisis de ansiedad, sino como que a mi cerebro le pasaba algo mucho más profundo y grave, y reconozco que ese es uno de mis mayores miedos: que mi cerebro deje de funcionar. Temblaba, tenía escalofríos, sensación de desmayo y lloraba sin saber por qué. Me costaba tanto respirar que mi brazo izquierdo se quedó paralizado en una posición que más tarde me afectaría a nivel físico. Recuerdo que mis compañeros de trabajo permanecieron a mi lado hasta que la ambulancia llegó y lograron que se me pasase. Me tomé unos días de descanso de todo —solo asistí al último día de Lit Con Madrid como público— y me mentalicé de que debía readaptar mis rutinas para evitar que volviera a pasarme, sin embargo, aún quedaba la firma de libros.

En ella me noté cansada en todos los aspectos, sin el mismo entusiasmo que en la primera y, para ser honesta, recuerdo haberle dicho a mi pareja que no me apetecía ir. ¿Desde cuándo una escritora no quiere ir a su propia firma de libros y, encima, en la mismísima Feria del Libro de Madrid? —Era autopublicada e iba a estar allí por segunda vez. ¡Debería haberme sentido muy afortunada!—. Al principio lo achaqué al cansancio acumulado en los últimos meses y a los ataques de alergia estacional, que suelen dejarme baldada, pero ahora sé que había algo más.

A pesar de que el deporte siempre había formado parte de mi vida, llevaba al menos un año sin hacer ningún tipo de actividad física y eso también me afectó a nivel mental. No lo digo yo, lo dicen los expertos, que la actividad física es una gran aliada de la salud mental, y a mí, en concreto, jugar al fútbol me ayudaba a relajarme, a reducir mi nivel de estrés y a mejorar mi estado de ánimo. La liberación de endorfinas, junto con una buena alimentación y un descanso plácido, de los que yo disfrutaba, contribuyen a una buena salud mental. Esto quiere decir que, cuando no nos cuidamos físicamente, nuestra salud mental se resiente, y yo no me estaba cuidando como debía. Así que, tras aquella crisis de ansiedad, me apunté a *fitboxing*, en el que se golpea un saco de boxeo al ritmo de la música, e iba dos o tres veces por semana después de trabajar.

La escritura, que tanto bien me había hecho años anteriores, comenzó a quedar en un segundo plano y solo me sentaba a escribir algún día entre semana, si no estaba demasiado cansada. A pesar de lo mucho que mejoró mi estado de ánimo gracias a la actividad física, utilizaba frases como «No tengo tiempo», «Estoy demasiado cansada» o «Ya lo haré en otro momento» cuando pensaba en escribir, pero al mismo tiempo me quejaba de que no avanzaba en mis proyectos literarios. Mi pareja, consciente de la importancia que la escritura tenía para mí y de lo que me pasaba, me decía que me llevara el ordenador portátil a su casa los fines de semana para que le dedicase algunas horas a la escritura, aunque rara vez lo hice. No se trataba de falta de ideas, sino de la segunda parte del villano Némesis de la que hemos hablado antes, la de no saber gestionar bien un enfrentamiento con cualquiera de los otros villanos que navegaban por mi subconsciente.

La incapacidad física

¿Recuerdas que te he dicho antes que durante la crisis de ansiedad uno de mis brazos se quedó paralizado? Tan estrecha es la relación de la actividad física y la salud mental que, si cuidamos de nuestro cuerpo, cuidamos de nuestra mente, y lo mismo sucede a la inversa.

Mientras mi mente estaba en proceso de recuperación a través del ejercicio físico y descuidaba la escritura con excusas, el estrés se manifestó durante el puente de diciembre de 2019 a través de un dolor intenso en la zona de la escápula, el hombro y el brazo izquierdos, que después se extendió a parestesias en tres dedos de la mano izquierda. Para quienes no sepan qué es una parestesia, se trata de un trastorno de la sensibilidad que se manifiesta, sin estímulo previo, con sensaciones anormales como el hormigueo o la presión, y que en los casos más extremos puede causar dolor y dificultades de movimiento, como fue mi caso. Traumatólogos, fisioterapeutas y neurólogos me hicieron multitud de pruebas en los meses siguientes para tratar de averiguar qué me sucedía. Todo apuntaba a que era un problema neuronal, pero resultó que estaba relacionado con la rectificación de la lordosis cervical que padezco y que, por si no lo sabías, una de las causas principales que la propician es el estrés o la ansiedad. Así que, efectivamente, mis problemas físicos derivaban del estado de mi salud mental.

Entonces llegó la pandemia. Dentro de su gravedad, de cómo transformó la vida que llevábamos hasta entonces y cómo nos afectó a mí y a mi entorno a nivel personal, intenté ver el lado bueno. Aunque ir y venir del trabajo no me suponía demasiado tiempo, pues la oficina estaba muy cerca de donde vivía con mis padres, acepté de buen grado la noticia de que teletrabajaríamos —modalidad que ahora me encanta— y que nos confinaban. Sin los desplazamientos para ir a trabajar, con el gimnasio cerrado y las restricciones a la hora de salir a la calle, tenía un montón de tiempo para escribir y hasta empecé un nuevo proyecto literario. Pero, como dicen, del dicho al hecho hay un gran trecho, y yo no logré recorrer esa distancia. No vi venir que utilizar el mismo espacio para llevar a cabo mi labor profesional y desarrollar mis proyectos literarios después, en una misma habitación de la que apenas salía, no iba a ir bien.

Las parestesias aumentaron y, durante un tiempo, solo me limité a trabajar y crear contenidos para mi web literaria. Porque esa es otra, la web. Al ser consciente de que apenas avanzaba en mis proyectos literarios, me dije a mí misma que podía posponerlos hasta que me recuperara, pero tampoco quería desvincularme del todo de mi faceta literaria, así que la web era el nexo que me mantenía unida a ella. Reconozco que también me planteé bajar el ritmo de publicaciones e, incluso, dejar de publicar contenido —solo quien tiene una web sabe el trabajo que supone mantenerla—, pero todavía quedaba algo en mí que me decía que no la abandonara. Ya me estaba alejando de demasiadas cosas.

Mens sana in corpore sano

Esta cita latina que proviene de las *Sátiras* de Juvenal (60-128)[17], y que hoy aplicamos con otro sentido distinto al original[18], nos insta a cuidar tanto la salud del cuerpo como la de la mente. En mi caso, para sanar mi cuerpo debía sanar primero mi mente y, para hacerlo, debía analizar qué me estaba bloqueando.

Si escribir no era una solución, pues no me sentía psicológicamente preparada para volver a ningún proyecto literario, debía encontrar la forma de desbloquearme. Comencé a hacerlo a través de mi web, releyendo unos posts que hoy forman la sección *Reflexiones de una escritora* y que escribí entre marzo de 2018 y febrero de 2019. Algunas de las vivencias que te he narrado en este libro de manera más amplia y profunda («¿Por qué nos cuesta tanto decir que somos escritores?»; «¿A qué tenemos miedo los escritores?»; «El coste de la autopublicación»; «El verdadero coste de ser escritor», entre otras), las escribí más o menos un año y medio antes de mi debacle mental, así que es muy probable que esta empezara incluso antes de lo que creía.

Tras releer esos *posts*, darles una vuelta a los contenidos de la web y escribir algunos nuevos, en especial uno de junio de

---

[17] Décimo Junio Juvenal, poeta romano de finales del siglo I y comienzos del siglo II, y autor de dieciséis sátiras.

[18] *Orandum est ut sit mens sana in corpore sano* (Se debe orar que se nos conceda una mente sana en un cuerpo sano).

2019 («Laura y Yersey: mi ADN está hecho de historias») en el que hablaba de ser ambientóloga y escritora, me di cuenta de que no quería renunciar a la escritora Yersey, pero también que la ambientóloga Laura se merecía seguir creciendo. Así que, mientras esperaba a que la primera volviera a mí, decidí saldar una cuenta pendiente con la segunda. Sabía que al hacerlo iba a restarle todavía más tiempo, si es que algo quedaba, a la escritura creativa, y que a lo mejor desistía por completo; sin embargo, no podía perder la oportunidad. Aproveché que aún teletrabajaba y que no había clases presenciales para, en septiembre de 2020, apuntarme a un máster de periodismo y comunicación que culminé en julio de 2021.

Durante este mismo periodo, en el que teletrabajaba, me sacaba el máster y me mudaba a mi nueva casa, apenas avancé, por no decir nada, en mis proyectos literarios; no obstante, la web se disparó en visitas y alcance, lo que supuso una motivación extra para mantenerme ligada al ámbito literario. Lo cierto es que llevar todo a la vez me resultaba un poco estresante, pero las circunstancias hacían que, en conjunto, yo fuera más feliz que nunca con mi vida: me había comprado una casa con mi pareja —que me apoya en todos mis proyectos—, el teletrabajo me permitía conciliar más que nunca y me estaba sacando esa espinita pendiente personal con el máster.

Mens sana in corpore sano. Al cumplir distintos objetivos a nivel personal, mi mente volvió a hablarme en ese lenguaje creativo que tanto echaba de menos. Las parestesias disminuyeron tanto que hoy ya apenas las tengo, un signo claro de recuperación, pero había estado tanto tiempo ahogándome dentro del frasco que solo le quité la tapa.

8

Cuando la mente habla y no son las musas

La Organización Mundial de la Salud (OMS) define la SALUD MENTAL como un «Estado de bienestar mental que permite a las personas hacer frente a los momentos de estrés, desarrollar todas sus habilidades, poder aprender y trabajar adecuadamente y contribuir a la mejora de su comunidad». En resumen, es el bienestar general de la manera en la que pensamos, regulamos nuestros sentimientos y nos comportamos. Y yo, desde luego, no lo tenía.

Ya has comprobado por mi experiencia lo importante que es la relación entre la mente y el cuerpo. «No por ser o creernos escritores estamos preparados para lo que sea. Cuidado. Conozcamos nuestras limitaciones», dice el escritor Jordi Sierra i Fabra en su libro *La página escrita*. Una vez descubrimos a qué o quiénes nos enfrentamos y cuáles son los efectos que tienen sobre nosotras, admitir que tenemos un problema es el primer paso para solucionarlo. Sin embargo, no basta solo con identificarlos y admitir que están ahí, porque si han estado a nuestro alrededor demasiado tiempo, como fue mi caso, no solo no es fácil librarse de todos, sino que sus ataques han podido dejarnos secuelas en el subconsciente con las que seguir lidiando.

El Dr. Joseph Murphy (1898-1981), uno de los escritores más famosos del movimiento del Nuevo Pensamiento creado en Estados Unidos durante el siglo xx, dice en su libro *El poder de tu mente subconsciente* que «La ley del subconsciente funciona tanto para las buenas como para las malas ideas. Esta ley, cuando se aplica de forma negativa, es la causa del fracaso, la frustración y la infelicidad. Sin embargo, cuando tu pensamiento habitual es armonioso y constructivo, experimentas una salud perfecta, éxito y prosperidad». Estar sumergida en tinta dentro de un frasco del que parece que no puedes salir es una sensación horrible. Imagina que deseas hacer algo con todas tus fuerzas y, por alguna razón que desconoces, tu mente te limita y no eres capaz de hacerlo. Es muy frustrante y hace que nos sintamos decepcionadas, enfadadas e, incluso a veces, desilusionadas. Todo esto repercute en nuestra salud mental y, en el peor de los casos, motiva a que abandonemos.

Tras hacer la retrospectiva y analizar los factores que me impedían volver a disfrutar con la escritura, creía haberlos superado. Pero no es tan sencillo como apuntarles con el bolígrafo y decir «Evanesco»[19] para que desaparezcan.

---

[19] Hechizo de Desvanecimiento utilizado en la serie de libros Harry Potter, de J.K. Rowling, para hacer desaparecer objetos o sustancias.

Me siento orgullosa de lo que hago (pero a lo mejor no tanto)

En noviembre de 2021, llevaba unos meses teletrabajando en mi nueva casa, había terminado el máster y también sentía que la motivación creativa regresaba. Sin rastro de estrés ni de las parestesias, todo parecía ir bien. Una vez más, me equivocaba. Con motivo de la venta de mis libros en una tienda de Tres Cantos, en Madrid —se llama 3Meeples y está especializada en juegos de mesa. Son gente majísima—, a los propietarios se les ocurrió la idea de que diese una charla sobre cómo escribir un libro, la autopublicación y, de paso, presentar mis novelas. Cuando escuché la propuesta sentí más pánico que ilusión: «¿Y si no va nadie?», «¿Y si a nadie le interesa?» y «¿Qué voy a contar?». Ahí estaba el matón de la clase, una vez más, para decirme: «Tú no tienes nada que decir», y yo le dejé ganar de nuevo.

Es una sensación extraña. Me siento orgullosa de lo que hago y de lo que he conseguido como escritora. Podría ser mejor, claro, porque siempre hay margen de mejora, pero creo que así es como hay que sentirse cuando pones todo tu esfuerzo en algo y ves resultados positivos. Sin embargo, el matón de la clase me preguntó, mucho más alto que antes: «¿De verdad te sientes orgullosa de tu faceta literaria? Y sí es así, ¿por qué siempre hablas vergonzosa y con la boca pequeña sobre el tema?». «¿Por qué sigues poniendo excusas y no avanzas en tus proyectos?». Isaac Belmar dice, en su libro *Escribir bien: O cómo fracasar mejor en el arte de la escritura*, que «Todo escritor es experto en buscarse cualquier excusa con tal de no hacer su trabajo cada día», y yo parecía hacerlo a todas horas. «Todos sabemos en el fondo cuándo estamos dedicando tiempo a escribir de verdad en cualquiera de sus formas, y cuándo estamos haciendo como que escribimos mientras que, en realidad, dejamos pasar el tiempo sin que vaya a contribuir a nada», continúa, y no le falta razón.

Con la aplicación de la ley del subconsciente de Murphy en su versión negativa, mi cabeza me decía que tal vez fuera una nueva época en la que los costes de ser escritora me estaban pasando factura otra vez; pero, en realidad, era el momento definitivo en el que tenía que decidir si quemar todas las libretas y tirar los bolígrafos a la basura o, todo lo contrario, fijar el culo en la silla y decirle al villano de turno: «Hoy no».

Sé cuáles son mis pretensiones literarias y no necesito ayuda (pero a lo mejor sí)

Como de pequeños aprendemos a juntar letras y formar frases en un papel, muchas personas que se proponen escribir un libro creen que con eso y una idea es suficiente. También lo creen quienes consideran nuestra disciplina algo menor en comparación con otras artes —recuerda el ejemplo de la música de hace un par de capítulos—, pero se equivocan.

Quizá haya gente a la que le ha tocado una varita y sea capaz de escribir un buen libro a la primera, que se lo publiquen y que venda unos cuantos cientos de ejemplares, sin que haya hecho otra cosa que sentarse a escribir. Si tú eres de las que piensa que esto sucede con muchísima frecuencia, aquí tienes el primer golpe: por lo general, y como en cualquier otro oficio, se necesita tener unas habilidades básicas y conocer unas técnicas fundamentales que pueden aprenderse. «No existe una fórmula sencilla para llegar a crear una gran obra de ficción, pero disponer de un conocimiento básico del oficio de escritor es, más que cualquier otra cosa, lo que permitirá que tu talento florezca sobre el papel», dicen los fundadores del Gotham Writer's Workshop en el libro *Escribir ficción. Guía práctica de la famosa escuela de escritores de Nueva York.*

La cuestión reside en que no todas las personas que escribimos tenemos las mismas pretensiones: habrá quienes quieran ganar miles o millones de euros —suerte—, quienes se hayan propuesto vivir de la escritura como tal y quienes lo compatibilicen con su trabajo nutricional. En este último caso, que es el mío, hay escritoras que creen que, como no se van a ganar la vida vendiendo libros, no necesitan invertir tiempo y dinero en formación para mejorar sus conocimientos y su técnica. Error. Seguro que los del segundo grupo, los que sí se ganan la vida con la escritura, saben muchísimo de esto y hasta es probable que hayan publicado unos cuantos manuales de escritura o cursos *online* para ayudar a otras personas.

Yo tardé un tiempo en hacerme con algunos de esos manuales —de hecho, cuando publiqué *Ocaso*, en 2017, solo había leído uno o dos, además de haber hecho algunos cursos— y, más tarde, empecé a acumularlos en la estantería sin prestarles demasiada atención. No es que pensara que no necesitaba ayuda, sino que, una vez más, no tenía tiempo. ¡Si apenas conseguía encontrar un hueco para sentarme a escribir! Sin embargo, leer es el centro creativo de nuestra vida de escritora y, si no tenemos tiempo de hacerlo, es que tampoco tenemos tiempo ni herramientas para escribir. Así de sencillo. «Si quieres ser escritor, lo primero es hacer dos cosas; leer mucho y escribir mucho», dice Stephen King. En cuanto a la primera parte, leer, no solo es necesario leer libros de ficción y, de ser posible, hacerlo variando de género; sino también aquellos otros libros que ya he mencionado sobre conceptos básicos, técnicas, ortografía y gramática, planificación, etc.

Al mudarme de casa y montar la habitación en la que iba a trabajar y a escribir, pues trabajo con un ordenador de mesa y escribo en el portátil, no podía dejar de imaginarme a mí misma sentada en el escritorio, con mis libretas a mano y mi cubilete lleno de bolígrafos, dándole a la tecla. En mi nuevo espacio dediqué una estantería a todos los manuales de escritura que tenía y me di cuenta de que muchos aún estaban ahí sin estudiar. Empecé por *Productividad para escritores*, de Ana González Duque, para volver a ser la chica organizada y metódica que era, y continué con los demás de su catálogo de MOLPE y otros tantos que encontrarás en una lista al final de este libro. Te aseguro que, en parte gracias a todos ellos, achiqué mucha tinta del frasco. Pero, no te equivoques, aunque estos manuales o cursos te ayudarán a sentar las bases para empezar a escribir tus historias y/o venderlas después, ninguno te dirá cómo escribir LA HISTORIA, esa con la que alguna vez has imaginado que podrías vivir de la escritura creativa, porque nadie tiene la fórmula mágica para lograrlo: «Si hay magia en la escritura de historias, y estoy convencido de que hay, nadie ha sido capaz de reducirla a una receta que pueda ser transmitida de una persona a otra», escribió en una carta el escritor estadounidense John Steinbeck (1902-1968)[20].

Pese a que yo estuve mucho tiempo alejada, otra cosa que nos ayuda mucho es la comunidad literaria. Yo lo comprobé a partir de febrero de 2022, cuando me abrí un canal de Twitch y conocí a gente maravillosa. Gracias a esta plataforma de *streaming* y a un canal/pódcast llamado *La Palabra Errante* (LPE), me reencontré con el NaNoWriMo, el evento a nivel mundial en el que la comunidad escribe una novela de cincuenta mil palabras en el mes de noviembre —o en abril y julio si es la versión primaveral o veraniega, respectivamente— que llegué a repudiar durante años. La particular versión que crean desde *La Palabra Errante*, llamada NanoErrante[21], en la que hacen *competir* a dos equipos por tiempo dedicado y palabras de escritura, volvió a despertar en mí cosas que creía haber perdido. Créeme: cuando encuentras un grupo de escritoras con el que conectas y compartes cómo te sientes, tu motivación aumenta de manera exponencial.

---

[20] Steinbeck Center (s.f.). http://www.steinbeck.org/

[21] Estoy escribiendo este libro durante el NaNoWriMo 2022 organizado por La Palabra Errante, bautizado como NanoErrante, y formo parte del equipo de las bellotas.

Si además sigues las webs y/o estás suscrita a las *newsletters* de otras escritoras, comprobarás que no eres la única que ha recibido o recibe esos pensamientos negativos que en ocasiones te envía el subconsciente. Por ejemplo, a mí un email de Adella Brac, titulado «¿Alguna vez has pensado en abandonarlo todo?», me sacudió la mente.

El quiero y no puedo (pero a lo mejor es que ya no quiero)

El «quiero y no puedo» es uno de esos pensamientos o creencias limitantes que se manifiestan en nuestro estado de ánimo y que, de alguna forma, nos condicionan. Es un juicio que emitimos sobre nosotras mismas y que tiene su origen, sobre todo, en ese matón de la clase que tanto nos persigue: «No soy lo suficientemente buena», «No tengo suficiente tiempo», «No tengo suficiente experiencia», «No tengo suficiente talento», «Nunca tendré éxito» y demás no suficientes o derivados que se te ocurran.

La mente es traicionera. Entre las muchas formas en las que nuestro subconsciente se manifiesta está la selección y el énfasis en aspectos negativos, de una situación o una persona —esos no suficientes y derivados—, que dejan fuera los posibles elementos positivos. Vamos, lo que describimos como «ver solo el lado malo de las cosas». Esta filtración tiende, por norma general, a justificar una postura depresiva frente a algo, y era justo lo que estaba haciendo mi mente.

Tenía un calendario literario en mi cabeza: publicar un libro cada año y medio, participar en convocatorias de relatos y mantener la web. Bien, pues durante ese periodo en el que estuve metida en el frasco solo hice lo último. De hecho, para cumplir con mi planificación *solo* tenía que corregir el borrador de la tercera parte de *Los Guardianes* y escribir los relatos para las convocatorias a las que les tenía el ojo echado, pero nada de eso sucedió. El trabajo, el máster con el que saldé la cuenta pendiente con mi yo ambientóloga y la web literaria me hacían sentir muy orgullosa de mí misma, y hoy en día lo siguen haciendo. También estaban las parestesias de la mano y el dolor de brazo con los que tenía que vivir y, en conjunto, eso me hacía posponer continuamente esa planificación. De hecho, durante ese periodo escribí muchísimo, aunque nada referente a la escritura creativa.

El *email* que he mencionado antes de Adella Brac logró crear una gran grieta en el frasco. Aquella pregunta con la que lo titulaba, «¿Alguna vez has pensado en abandonarlo todo?», me hizo plantearme si esas excusas de peso que me seguían apartando de la escritura lo hacían porque los villanos navegaban otra vez por mi mente con unos nuevos que no conocía, o porque había algo mucho más profundo que daba miedo: una ilusión en forma de no puedo que escondía la realidad del *(ya) no quiero*. Una Estrella de la Muerte[22] preparada para lanzar su superláser y destruirlo todo. Y es que no sirve de nada querer conseguir ciertas cosas si de verdad no es así. Teniendo en

---

[22] Estación espacial imperial dentro del universo *Star Wars*, ideada por Darth Sidious, con la que destruyen el planeta Alderaan en la película Una nueva esperanza (1977), de George Lucas. Perdón por el *spoiler*.

cuenta los obstáculos a los que podemos llegar a enfrentarnos como escritoras y lo que nos supone a nivel personal en cuanto a tiempo y esfuerzo, ¿de verdad quería seguir? ¿O había llegado el momento de asumir que ya no quería hacerlo?

Por suerte, puedo decir que las personas de mi entorno siempre han tenido las palabras adecuadas para evitar que terminara de ahogarme dentro del frasco, aunque en realidad creo que la mayoría no era del todo consciente de lo que me pasaba. Un consejo: coged a la persona o personas de vuestra mayor confianza y hablad con ellas. Os sorprenderá mucho que, aunque no estén metidas en el mundillo literario, o aunque incluso apenas hayan cogido un libro en su tiempo de ocio, entenderán por qué te sientes así y harán todo lo posible para que los mensajes de tu subconsciente se vuelvan positivos.

Si estás leyendo este libro sabes qué decisión tomé en la encrucijada que me puso mi propio subconsciente. Porque, sí, entre toda su manifestación negativa logré rescatar las partes positivas olvidadas. No lo hice sola, mi actual, y espero que para siempre, compañero de vida me ayudó a verlas. ¿Y sabes qué? Me cabreó encontrarlas al fondo, enterradas como si no significaran nada: escribir una novela no es fácil y publicarla tampoco. Yo había escrito tres, autopublicado dos y, además, había firmado en la Feria del Libro de Madrid —un sueño— en ambas ocasiones, por no mencionar que el *feedback* era positivo. Había presentado trece relatos a diferentes convocatorias y habían seleccionado cuatro —el primero que publiqué fue una petición directa, así que no lo cuento entre estos—, y la web había triplicado sus cifras de visitas. Por si eso no me parecía suficiente, mi mente creativa no me había retirado la palabra del todo, pues las ideas seguían dando tumbos por ella mientras esperaban a ser reconducidas.

Hace mucho tiempo vi una imagen que mostraba la palabra «miedo» en inglés (*fear*) con dos significados distintos si se convertía en un acrónimo, es decir, F.E.A.R. Me gustó tanto que la imprimí y la pegué en la portada de un diario de vida que tengo —aunque hay gente que sabe que existe, nadie lo ha visto en detalle—. En ese diario, que más bien es un *moodboard*[23], voy plasmando cómo me siento en los momentos más importantes de mi vida y en el que también me escribo mensajes a mí misma que me sirven de motivación para los peores momentos. De hecho, esta etapa dentro del frasco está reflejada en dos de sus páginas. El caso es que había olvidado por qué había pegado esa imagen en la portada de algo tan personal y por qué desde hacía mucho tiempo veía al miedo de otra forma. Los dos significados del acrónimo de F.E.A.R. son:

- *Forget Everthing And Run* (Olvida todo y corre).
- *Face Everything And Rise* (Enfréntate a todo y levántate).

Quizá pienses que lo que yo he logrado como escritora no es nada porque ni siquiera habías oído hablar de mí antes de este

---

[23] Recurso visual que sirve para comunicar ideas a través de collages de imágenes, textos, frases, fotografías y otros elementos compositivos.

libro o porque tienes otras pretensiones y/o expectativas en lo que a tu propia visión de escritora y de éxito se refiere. Da igual. Yo me siento orgullosa. Tanto sentarme a escribir como pensar en aquello que puedo crear me hace sentir bien. Me hace feliz. Y me niego a renunciar a esa parte de mí sin luchar.

9

Que fluya la *escribición*

El camino de la *escribición*, como nos gusta llamarlo, no es un camino de rosas. De hecho, es más como una de esas batallas medievales en las que hay tanta gente que no ves venir los golpes y en la que puedes acabar en el fondo de un foso como no lleves una buena armadura. Yo lo llamo el frasco de tinta porque me pareció más poético en su día, pero viene a ser lo mismo.

Adella Brac, en aquella *newsletter* que he mencionado en el capítulo anterior, escribió: «Esta semana he aprendido que en una carrera tan larga como es el camino de la escritora es normal desfallecer a veces». Ya has comprobado que no es que yo desfalleciera, es que casi enterré la escritura en el fondo del mar. De hecho, he tardado en comprender que, si algún día desfallezco y no me siento en condiciones de hacer una sesión de escritura, debo aceptarlo sin pensar que me estoy fallando a mí misma, a la propia escritura o a la gente que me lee. Porque, tal y como concluyó Adella, y suscribo cada una de sus palabras: «Acepto que no todos los días puedo sentirme fuerte, que no todos los días me desbordarán las ganas, pero sigo teniendo un objetivo». Cuando tienes claro qué significa para ti escribir, el objetivo siempre está ahí, sea cual sea. No somos máquinas y podemos permitirnos fallar, no pasa nada. Eso sí, procuremos no hacerlo dos o tres días seguidos para no correr el riesgo de ir dejándolo para otro día y que, a la hora de querer regresar, nos cueste un mundo. Yo he tenido que hacer esta retrospectiva de mi corta carrera de escritora para reencontrarme con esa parte de mí. Pero lo he hecho, y más vale tarde que nunca, ¿no?

Si estás en la tesitura de tener que hacer esta misma retrospectiva, o si alguna vez tienes que hacerla, no tengas miedo de analizar qué te ha llevado al punto en el que estás y, sobre todo, de volver a intentarlo. Se ha cogido la mala costumbre de representar a las escritoras como personas atormentadas, que escriben desde el sufrimiento y que las mejores obras han nacido de los peores momentos a nivel personal. No seré yo quien te diga cómo debes tomarte esto, porque hay casos de sobra conocidos y cada una es como es, pero no es lo que yo he experimentado. De hecho, cuando no he podido escribir, por el motivo que fuera, me he sentido mal, no al revés. A estas alturas no me voy a andar con romanticismos y decirte que escribir me hace libre, porque me considero una persona libre; ni tampoco que me moriría si un día no pudiera escribir, porque no es verdad. Lo que sí es cierto es que escribir me hace feliz. Mucho. Y me hace todavía más feliz saber que, después de tanto tiempo, cada vez que abro los ojos por la mañana vuelvo a pensar en escribir.

Eso es para mí SER ESCRITORA.

Sin embargo, no es suficiente con pensar en escribir. Como en cualquier otro oficio, necesita práctica y la práctica exige disciplina y dedicación. «Escribir no es solo ponerse delante del papel o la pantalla y soltar palabras. Es un compromiso diario de aprender técnicas, estrategias, ejemplos, para hacerlo mejor», dice Gabriella Campbell, que de esto sabe mucho. No pretendo zanjar el eterno debate sobre si las personas escritoras nacemos o nos hacemos, ya sabes que pienso que es un poco ambas cosas: tan importante es asumir que esto es un proceso constante de aprendizaje y que vas a tener que echar horas, no necesariamente dedicadas a tu proyecto literario en sí, como que has de sentir el gusanillo en el cuerpo que te provoca una sonrisa cada vez que piensas en escribir.

Pero, ojo, aunque pensar en la escritura y escribir nos haga felices, no siempre tendremos las mismas ganas de ponernos a ello. Recuerda que somos un poco montaña rusa y que un día podemos estar en el punto más alto y al otro querer bajarnos de la atracción. Encontrar el equilibrio dentro del limbo de la motivación y la actitud es una de las cosas más difíciles que debemos hacer si queremos que la escritura no acabe quemándolo todo: a nosotras, a nuestro entorno y nuestro mundo entero. El origen de lo que nos motiva determina nuestra actitud frente algo y por eso he empezado este libro con dos preguntas dirigidas a ti: «¿Qué significa para ti escribir?» y «¿Naciste o te hiciste escritora?». Sin embargo, a veces nuestra actitud puede verse afectada por diversos factores, tanto internos como externos, que provocan que perdamos la motivación.

La cita sobre la salud mental que introduce este libro es de la actriz estadounidense Glen Close, que también es fundadora y preside Bring Change to Mind[24], porque tiene razón: hay que darle más visibilidad a la salud mental y, además, hacerlo con sinceridad y sin avergonzarnos. Así es como le daremos la importancia que requiere. A lo largo de los capítulos he hablado de cómo diversos factores influyeron en mis pensamientos y cómo no tener una mente saludable, a pesar de considerarme una persona psicológicamente fuerte, impidió que llevase a cabo algo que me hacía tanto bien.

Cuando nos preguntan cuál es nuestro mayor miedo como escritoras, las respuestas que más abundan son provocadas por algunos de los villanos que he mencionado en este libro y que se presentan detrás de frases como «No ser lo bastante buena», «Que nadie me lea», «Que los temas tratados en la historia sean irrelevantes», «Quedarse sin ideas» o «Que copien mi trabajo». En el fondo, se trata de una serie de pensamientos limitantes que nos impiden sentarnos frente a nuestro escritorio y avanzar en nuestros propósitos; nublan nuestra mente y nos hacen olvidar la razón por la que empezamos.

---

24 Bring Change to Mind es una organización sin fines de lucro dedicada a fomentar el diálogo sobre la salud mental y aumentar la conciencia, la comprensión y la empatía en torno a esta.

La mala gestión de esto; el no saber enfrentarme a esos villanos, hizo mucha más mella en mi salud mental de lo que jamás imaginé. Tanta que casi me dieron la estocada final. La fortaleza mental reside en entender nuestras propias emociones, de dónde vienen y qué efecto producen en nosotras, y tener la habilidad de gestionarlas, sobre todo si son negativas, de manera que, si controlamos eso, no nos resultará tan difícil decirles a los villanos que se vayan por donde han venido. Algo que yo no supe hacer en su día y por lo que mi estado de bienestar mental global se vio afectado. De hecho, me afectó tanto que dejé de hacer pie dentro del frasco y casi me ahogué dentro.

Cuando sientes que los efectos de esos dichosos villanos te sobrepasan y ni siquiera ves el fondo del lugar en el que te encuentras, pataleas y das vueltas sobre ti misma en busca de algo a lo que agarrarte. Es EL VILLANO DEFINITIVO. Tú contra tu propia mente. La batalla final que te lleva a replanteártelo todo: «¿De verdad quiero seguir con esto?», «¿Merece la pena todo lo que sacrifico?», «¿Tengo remedio?». Muchas personas temen escribir algo que no les guste, no ser capaces de crecer y mejorar como escritoras, dejar de disfrutar de la escritura o que llegue un momento en el que sientan que no vale la pena, pero, por suerte para ellas, nunca llegan a enfrentarse a esto. Los que sí han tenido que hacerlo, como fue mi caso, han visto desde primera línea de batalla que el coste anímico es el mayor coste de escribir, incluso por encima del monetario y del tiempo que invertimos. Porque, si la mente falla, todo lo demás falla. Así que dejemos de proyectar esa imagen idílica de que la escritura es siempre maravillosa, con una taza de té o café ardiendo y un gato acurrucado en nuestro regazo en un día lluvioso. La escritura tiene sus momentos oscuros en los que la taza se rompe, el gato araña y la lluvia te cala hasta los huesos.

De la misma forma en que las manos son nuestra herramienta de trabajo, nuestra mente es el centro neurálgico en torno al cual se concentran y fluyen nuestra creatividad y conocimientos. La relación entre mente y cuerpo es tan estrecha que, cuando no estamos bien mentalmente, puede llegar a afectarnos físicamente. Yo lo comprobé en primera persona y, hasta que no hice un gran ejercicio de análisis y localicé lo que me bloqueaba, no empecé a notar mejoría. ¿Casualidad? No lo creo.

Si nuestra mente nos habla, y no es a través de las musas —una figura que, por cierto, no creo que nos ayude como escritoras—, debemos escucharla; no por hacer caso a todo lo que dice, porque ya sabes que puede ser muy traicionera, sino por saber qué nos está diciendo. Nadie nos conoce mejor que ella y nadie, por lo general, la conoce mejor que nosotras mismas. Igual que el ritmo del tecleo nos conduce de la primera página a la segunda, y la felicidad que eso nos produce hace que no paremos, si nuestra mente no deja de enviarnos mensajes que impiden que nos sentemos a escribir o que dudemos mientras lo hacemos, necesitamos sentarnos y escucharla. Es posible que la conversación no te guste. A nadie le sienta bien que le digan que está haciendo las cosas mal, que a lo mejor debería cambiar de actitud o que, si no está dispuesta a esforzarse por cambiar su situación, mejor que tire el cubilete de bolígrafos y sus libretas a la basura.

Recuerda que de lo que debes deshacerte es de la actitud reactiva y mohína y dejar paso a la proactividad que te impulsa el amor por lo que haces. ¿Recuerdas la sensación que te produce el no poder esperar a llegar a casa para sentarte a escribir o pasar al ordenador lo que has escrito en la libreta o el móvil en algún rato muerto? Olvida el romanticismo que rodea a la escritura y haz las retrospectivas de tu trayectoria como escritora que hagan falta, y con trayectoria no me refiero a tu currículum literario, sino al tiempo que llevas sumergida en libros, caminando entre páginas y gastando bolígrafos. Analízalo todo. Te aseguro que merecerá la pena.

Hay una frase de una poeta, llamada Sade Andria Zabala, que resume a la perfección mi camino: «Solo me comprendí a mí misma después de destruirme. Y solo en el proceso de arreglarme supe quién era realmente». A estas alturas no voy a endulzarte nada: durante el camino sanarás algunas heridas, se te abrirán otras que creías que no te dolían, y puede que hasta tarden en cerrarse, pero no dejes que te lleven al fondo del frasco. Saca el bolígrafo que siempre llevas encima y comienza a picar el cristal.

Sé que se acabará rompiendo.

Agradecimientos

Escribir un libro como este no ha sido fácil para mí. El camino para llegar hasta donde estoy en el momento en el que escribo estas líneas tampoco lo ha sido, y es a mi familia a quien le debo todo. No sería como soy de no ser por ella y no puedo empezar unos agradecimientos sin que sea la primera de la lista.

En primer lugar, a mis padres. No solo por *llenarme siempre el cubilete de bolígrafos, las estanterías de libros y la cabeza de sueños*, también por no ponerme frenos en mis propósitos; y a mi hermano Julio, por todo lo que he dicho de él en este libro, y por todo lo demás.

A mi compañero de vida, Jose. Por no dejar que tirara la toalla en mi peor momento, por entender y respetar lo que significa para mí escribir, por ayudarme a tomarme las cosas con más calma y por estar a mi lado cada día. Gracias por ser tú.

A mis tías Esther y Yoli y mi cuñada Elena, por los impulsos que hacían falta.

Al resto de mi familia y amigas, por estar.

A Esther G. Recuero, por creer siempre en mí.

A Adella Brac, por aquel email.

Al equipo del pódcast La Palabra Errante (Tatiana, Laura, Aritz, Montse y Rebeca). Nunca imaginé que en el proceso de reencontrarme con mi yo escritora me volvería a integrar en la comunidad literaria, pero vosotras lo hacéis muy fácil. Lo que creáis en vuestras iniciativas literarias, y el vínculo que se genera entre quienes participan, son extraordinarios. Gracias por vuestros brazos abiertos.

A quienes me acompañasteis en este proceso y aún seguís ahí, tras la pantalla en Twitch. A algunas ya os conocía de antes, pero también sois mi gran descubrimiento: Patricia, Pirra, Mavi, Tris, Sara, Makoto, Erik, Luchi, Mireia, donTalabot, Dielgos, Bely, Paula... y demás personas que os seguís uniendo cada semana a charlar conmigo.

A Tris, Sara y Pilar, las lectoras beta. Temblé el día que os envié el primer borrador, pero vosotras lo acogisteis con la perspectiva y afecto necesarios para hacerme ver lo que necesitaba. Gracias por vuestros comentarios.

A L. M. Mateo, por la corrección del texto. Sabía que contar contigo para esta tarea me serviría para aprender más allá de una revisión. Gracias por entender mi estilo, respetarlo y adaptarte a él.

A Esther, por diseñar la cubierta y contraportada de este libro. Tu capacidad para captar el significado de un texto y convertirlo en algo visual es increíble. Gracias por las propuestas, los consejos y por ser parte de esto.

A Álvaro, por los detalles de post producción.

Y, por último, a ti, lectora. Gracias por leerme. No puedo decirte mucho más porque, como escritora, quiero que me lean y tú lo has hecho. Espero que este libro te haya servido, si compartes esta actividad conmigo, para ver las cosas desde otra perspectiva, conocer a qué cosas podrías enfrentarte en el camino de la escritura y saber que no estás sola. Y si no eres escritora, espero que haber leído mi experiencia te sirva para ser más empática con aquellas que sí lo son.

Una vez más, gracias.

Sobre mí

Espero que hayas llegado hasta aquí después de haber leído todo el libro y no saltándote los capítulos, tal y como dije que podías hacer en el primero de ellos. En cualquier caso, mi nombre real es Laura, aunque en el ámbito literario me conocen como Yersey Owen. La persona que más admiro es a mi madre, y mi hermano, tres años mayor que yo, es el culpable de que diera vida a *Los Guardianes*, una saga de fantasía urbana autopublicada.

Si tuviera que definir mis gustos y aficiones en pocas palabras serían estas: ambientóloga, escritora, futbolera, *rockera*, seriéfila y jugona.

Sobre mi faceta de escritora, desde niña siempre tuve un gran interés por la cultura, los deportes y la comunicación. Gané algún concurso de poesía y relato en el colegio, donde además llevé las riendas del periódico. Durante el instituto, mi relato corto titulado «El resultado no importa», quedó en primer lugar tras ser elegido por el profesorado y parte del alumnado; y también quedé en segundo lugar en el concurso sobre comunicación a través de la radio con un especial sobre

Bruce Springsteen. Tras unos años de parón, retomé la saga de *Los Guardianes* (que empecé a escribir en el instituto con otro nombre) y elegí el seudónimo Yersey Owen para darme a conocer a través de la blogosfera —¡Ay, Blogger, que retro eres ya!—, que en 2017 pasaría a ser la web de escritora que tengo en la actualidad.

En 2013, publiqué un relato corto llamado «Diario de un enfermo de Alzheimer» dentro de la antología benéfica *Vidas Olvidadas* bajo el sello editorial Seleer. En 2015, mi relato «Bajo el mismo sol» fue seleccionado para formar parte de la antología *San Valentín Sangriento* y en 2016 mi relato «La venganza de los vampiros miopes» se publicó en una antología que homenajea al Cine de Serie B, ambas organizadas por el blog El Lado Oscuro. Ese mismo año también publiqué el relato «La última advertencia» dentro de la antología sobre ciencia ficción *Sinfonía para replicantes* de la editorial James Crawford Publishing. En 2017, tras unas cuantas conversaciones con varias editoriales que no llegaron a ninguna parte, autopubliqué *Ocaso*, la primera parte de *Los Guardianes*. En 2018, mi relato «Después de todo» se publicó dentro de la antología *El género Z está muerto… es más, huele a podrido*, de nuevo con la editorial James Crawford Publishing, y en 2019 autopubliqué *Claro de luna*, segunda parte de *Los Guardianes*. A partir de finales de ese mismo año, mi producción literaria se frenó en seco y entré en ese frasco de tinta del que te he hablado en este libro.

En cuanto a eventos, he tenido el placer de firmar en la Feria del Libro de Madrid en 2018 y 2019 —un sueño hecho realidad—. Estuve en Literania 2019 como autora y también participé en la Feria del Libro Online (FLO) en 2021, sí, en plena crisis de escritora en un intento más por salir de ella. Además, formo parte de la organización de Lit Con Madrid desde 2018, un evento literario en el marco de la Feria del Libro de Madrid, y en el que también seguí inmersa mientras atravesaba mi peor momento hasta la fecha dentro del mundo literario.

Por último, desde febrero de 2022 puedes encontrarme todas las semanas en Twitch, donde traslado algunos contenidos de la web, repaso la actualidad literaria y hablo de muchas cosas más relacionadas con la literatura y la escritura que te invito a descubrir.

Si quieres saber más de mí o charlar conmigo en algún momento, puedes encontrarme en:

- **Web**: https://yerseyowen.com
- **Twitter**: @YerseyOwen
- **Twitch**: @yerseyowen
- **Instagram**: @yerseyowenescritora
- **Facebook**: @yerseyowenescritora
- **Discord**: La Letra Media
- **YouTube**: YerseyOwen
- **Goodreads**: Yersey_Owen

Sobre este libro

Este libro habla de mí y de mi experiencia en la peor etapa que he vivido como escritora.

No pretendo que mis palabras se conviertan en un mantra que deban repetirse las escritoras, pero sí que sirvan para ayudar a aquellas que están atravesando la misma crisis a la que yo me enfrenté.

Mis palabras no son verdades universales, pero sí son mi verdad. Así que si algo de lo que has leído no te ha gustado o estás en desacuerdo conmigo porque tú no has vivido nada similar —o alguien a quien conoces—, recuerda que he hablado de mi experiencia, no de la de terceras personas.

Esta es solo una parte de mis vivencias literarias; la que necesitaba compartir en este momento para recoger los cristales rotos del frasco de tinta y deshacerme de ellos, espero que para siempre. Déjame darte las gracias otra vez por ayudarme a ello.

Por último, si te has sentido identificada con algo de lo que he contado sobre mi experiencia, si te ha gustado alguna reflexión o si te apetece simplemente compartir algo de este libro, te animo a hacerlo utilizando el *hashtag* #ConfesionesEscritora en las redes sociales. También me puedes mencionar o etiquetar si quieres. De esta forma, podré saber de ti. Por si necesitas que te recuerde que no estás sola.

Libros útiles para escritoras

Libros mencionados que no deberías perderte

- *Mentalidad de escritor* (2022). Ana Bolox. MOLPEditorial.
- *Zen en el arte de escribir* (1995). Ray Bradbury. Minotauro.
- *Esto no es un manual de escritura (pero se parece)* (2021). César Mallorquí. MOLPEditorial.
- *Escribir desde las entrañas* (2022). Pilar N. Colorado. Independently published.
- *Mientras escribo* (2001). Stephen King. Penguin Random House.
- *Cómo sobrevivir a la escritura: Lo mejor de Gabriella Literaria sobre escribir, publicar y promocionar tus libros* (2019). Gabriella Campbell. Independently published.
- *Curso de escritura creativa* (2022). Brandon Sanderson. Penguin Random House.

- *100 días de escritura. Un cuaderno diario para crear el hábito de escribir* (2022). Gabriella Campbell.
- *El peligro de estar cuerda* (2022). Rosa Montero. SEIX BARRAL.
- *Más allá del miedo: Superar rápidamente las fobias, las obsesiones y el pánico* (2003). Giorgio Nardone. EDICIONES PAIDÓS.
- *La página escrita* (2006). Jordi Sierra i Fabra. EDICIONES SM.
- *El poder de tu mente subconsciente* (2009). Joseph Murphy. ARJANO BOOKS.
- *Escribir bien: O cómo fracasar mejor en el arte de la escritura* (2019). Isaac Belmar. INDEPENDENTLY PUBLISHED.
- *Escribir ficción. Guía práctica de la famosa escuela de escritores de Nueva York* (2012). Gotham writer's workshop. ALBA EDITORIAL.
- *Productividad para escritores* (2021). Ana González Duque. MOLPEditorial.

Más libros que no deberías perderte

- *70 trucos para sacarle brillo a tu novela: Corrección básica para escritores* (2018). Gabriella Campbell. INDEPENDENTLY PUBLISHED.
- *Cómo planificar una novela* (2022). Sofía Rhei. MOLPEDITORIAL.

- *Cómo vivir de la literatura* (2022). Javier Cosnava. INDEPENDENTLY PUBLISHED.
- *El diálogo: El arte de hablar en la página, la escena y la pantalla* (2018). Robert McKee. FUERA DE CAMPO.
- *El escritor emprendedor* (2016). Ana González Duque. MOLPEditorial.
- *El guion. Story: Sustancia, estructura, estilo y principios de la escritura de guiones* (2011). Robert McKee. FUERA DE CAMPO.
- *El personaje: El arte de crear personajes en la página, el escenario y la plantilla* (2022). Robert McKee. FUERA DE CAMPO.
- *Escribir novela* (2021). Escuela de escritores. PÁGINAS DE ESPUMA.
- *Escribir y publicar una novela* (2021). Varios autores. MOLPEditorial.
- *Manual de Autopublicación. Guía de autoedición, promoción y comunicación para escritores independientes* (2016). AUTORQUÍA.
- *Manual básico de estilo para escritores. Pesadillas de estilo que producen urticaria* (2022). L. M. Mateo. INDEPENDENTLY PUBLISHED.
- *Sin trama y sin final. 99 consejos para escritores* (2005). Antón P. Chéjov. ALBA EDITORIAL.
- *¡Salva al gato!: El libro definitivo para la creación de un guion* (2010). Blake Snyder. ALBA EDITORIAL.